孝明天皇毒殺説の真相に迫る

中村彰彦
Nakamura Akihiko

中央公論新社

目次

孝明天皇毒殺説の真相に迫る

Ⅰ　孝明天皇毒殺説の真相に迫る

第一章　天然痘による病死説vs.毒殺説

「国定説」は病死説

昭和二十四年（一九四九）生まれの筆者は、小学校の社会科の教科書に「石油はあと二十年しか保《も》たない」という意味の文章があったことをよく覚えている。

しかし、それから半世紀以上を閲《けみ》したにもかかわらず、産油国の油田が枯渇したという話はなおも聞こえて来ない。

要するにある時代に定説であるかのように語られた見解が、やがて実は的外れだったとわかるという現象はままあることなのだ。天動説が地動説に取って代わられたことなどは、その典型といえよう。

そんな話から稿をはじめるのは、筆者がこの三十数年間勉強してきた幕末維新史という分野においても、「石油はあと二十年しか保たない」式の古い見解がなおも定説として主張されつづける傾向にあるためだ。孝明《こうめい》天皇（一八三一－六六）に関し、死因を痘瘡《とうそう》（疱瘡《ほうそう》、天然痘《てんねんとう》）による病死とする見解などはその好例である。

ではこの病死説は、一体どのようにしてひろまったのか。

まず、孝明天皇の正史である宮内庁蔵版『孝明天皇紀』第五（宮内省先帝御事蹟取調掛編、平安神宮［新装再刊］、一九六九年。初刊は一九〇六年）を見ると、その崩御《ほうぎょ》は慶応二年（一八六六）十二月二十九日のこと、死因は「御痘瘡ニ付《つき》」とされている。

次に、戦前の文部省の公式見解を確認すべく、同省内に明治四十四年（一九一一）から昭和十七年（一九四二）まで置かれていた維新史料編纂会《へんさんかい》が編んだ『維新史』の第四巻（吉川弘文館［復刻］、一九八三年。初刊は維新史料編纂事務局、一九四一年）を見ると、「天皇の御悩《おなやみ》は痘瘡」とあり、これら二種の編纂物はそろって孝明天皇の死因を痘瘡による病死としていることが知れる。

なお『維新史』は死亡年月日を慶応二年十二月二十五日としているのだが、これはこちらの記述が正しく、『孝明天皇紀』は天皇が睦仁《むつひと》親王（のちの明治天皇）の践祚《せんそ》が決まってから崩御したように装ったに過ぎない。

いずれにせよ戦前の宮内省と文部省とがそれぞれの編纂物の中で死因を痘瘡による病死とした以上、病死説が史学界において定説とみなされたのは自然なりゆきであったろう。

維新史の専門家で大阪大学、横浜市立大学、東北大学、津田塾大学の教授を歴任した石井《いしい》孝《たかし》（一九〇九－九六）は、この定説は国家が定めたものだとして「国定説」と名づけた（『近代史を視る眼――開国から現代まで』吉川弘文館、一九九六年）。周知のように戦前は特高の略称で知られた特別高等警察が社会主義者、自由主義者、宗教家などを厳しく取り締まった時代であり、「国定説」に異を唱えることは許されなかった。

毒殺説は崩御直後から

しかし、孝明天皇の死については病死説のほかに毒殺説もある。

この説はいつ頃から流布されたのか、と思いながら明治天皇の外祖父中山忠能《なかやまただやす》（明治天皇の生母である典侍《てんじ》中山慶子《よしこ》の父）の『中山忠能日記』四（日本史籍協会編、東京大学出版会［復刻］、一九七三年）を読んでゆくと、天皇の崩御から十日目、慶応三年（一八六七）一月四日の項に「浜来状《はまらいじょう》」つまり園《その》家の老女浜浦《はまうら》から来信があったことを記し、書状の文面が書き写されている。そこには、「此度《このたび》〔の孝明天皇の〕御痘、全ク実疱《じっぽう》〔本当の疱瘡〕ニハ不被為在《あらせられず》、悪瘡《あくそう》発生之毒ヲ献候《けんじ》」（読点と振り仮名は中村。以下、〔〕内は中村による補注）

とあり、浜浦はとるに足りない「雑説」とことわりながらも、天皇は置毒されたのだとする噂《うわさ》が周辺でささやかれていることを伝えている。

「悪瘡」すなわち悪性の痘瘡を発生させる毒があるとは思えないが、この時代には痘瘡とは痘毒が発生させる病だという考え方もあった。そのため浜浦は、天皇の痘瘡罹患《りかん》自体が仕組まれた可能性もあると疑って右のような手紙を書いたのだろう。

確かに当時、宮中の女官たちにも天皇は毒殺されたと信じる者は存在した。昭和五十年（一九七五）七月、滋賀県近江八幡市《おうみはちまん》で「孝明天皇と御主治医伊良子光順《いらこみつおさ》」という演題で講演をした光順の曽孫の伊良子光孝《みつたか》は、直後に面会した「当市に住む一老婦人」が、

「私の祖母は孝明天皇様にお仕えした命婦《ミョウブ》でした」

と自己紹介してから左のように告げた、と『天脈拝診日記』（『滋賀県医師会報』一九七五年九月号〜七七年六月号）の「第六章　天皇御急死」に明記している。

私が幼い頃、祖母が或《あ》る時父に、〝孝明天皇さまに〇〇ノ御局様《おつぼね》が鴆毒《チン》を奉って御毒殺をしたのです。然《しか》しこのことは絶対他言してはいけませんよ〟と話していたことをかすかに覚えています。

伊良子光順は幕末に十六名いた朝廷の典薬寮《てんやくりょう》医師、すなわち典医《てんい》のひとりとして孝明天皇に仕えていた人物で、天皇の臨終にも立ち会った。光順は日記をつけており、曽孫の光孝がその日記をもとにして天皇の崩御前後の宮中の騒然たる状況を物語風に描いたのが『天脈拝診日記』である。

「一老婦人」のいう「鴆毒《チン》」とは、鴆という鳥の羽にふくまれる毒を意味するが、鴆自体が想像上の鳥なので鴆毒という毒物は存在しない。しかし、猛毒の類を一般に鴆毒と呼ぶのは珍しいことではなかったから、「一老婦人」もそのような感覚で鴆毒ということばを口にしたに違いない。

「〇〇ノ御局様」という匿名表記が「一老婦人」のものなのか光孝の判断によるものなのかわかり

にくいのは玉に瑕《きず》だが、ここで確認しておきたいことは三点ある。

置毒したのは「〇〇ノ局」

第一は、疱瘡発病後の天皇については「故障」のある典医ひとりを除き、十五人が五人ずつ三班に分かれて当直し、診療に当たったという事実である。典医が宮中で単独行動をすることは許されなかったから、典医たちのだれかが弑逆《しいぎゃく》を謀り、天皇に置毒した、というケースはあり得ない。

第二は、典医たちが天皇の病状に合わせて調合する薬はすべて漢方薬であり、薬に湯を注いで煎じた薬湯《やくとう》として天皇に献じられた、という点。この場合、典医たちの仕事は薬を担当の高級女官にわたしたところでおわるから、ここにおいても典医のだれかが天皇に置毒する機会はあり得ない。

第三は、典医たちに較《くら》べると、薬を受け取って以降の高級女官には置毒の機会が大いにあった、という事実である。

伊良子光孝は典医の家系の人だけに後宮の女官たちの身分の上下にも詳しく、薬を受け取るのは御局と呼ばれる高級女官、それをわたされた命婦がさらに下級の女官に薬湯を作らせ、それがまた命婦の手を介して御局に届けられ、天皇のもとへ運ばれる、として「一老婦人」の発言につきこう書いている。

命婦は下の女官が煎じた薬を御局へ手渡す立場にいる、その老婦人の祖母が毒薬が入ったと思われるお茶碗を実際に○○ノ局へ渡した当人であったかは知らぬが、天皇御容体急変と同時に内廷の女官全員が〃鴆毒を誰かゞ奉った〃と囁《ささや》き合っていたという事実は、この噂が御所の外部からされたものでなく、内廷から出たものであることに注目される。

「一老婦人」の発言がにわかに「内廷の女官全員」の囁きにされてしまっていることには途惑《とまど》うが、もう少し天皇毒殺説が急速にひろまったことを跡づける史料を眺めよう。

殺意を抱いた尊攘激派

次に引くのは、イギリスの外交官アーネスト・サトウが一九二一年（大正十年）になってからイギリスで出版した『一外交官の見た明治維新』（原題は *A Diplomat in Japan*）の一節。天皇の崩御直後、横浜から海路兵庫入りしたサトウの聞いたところを記録した部分である。

私は、プリンセス・ロイヤル号の甲板で日本の貿易商人数名に会ったが、彼らは近迫した兵庫の開港に大いに関心をもち、外国人の居留地として適当な場所について大いに意見を吐いていた。また、彼らは、天皇《ミカド》（訳注　孝明天皇）の崩御を知らせてくれ、それは、たった今公表されたばかりだと言った。噂によれば、天皇《ミカド》は天然痘にかかって死んだということだが、数年後に、その間の消息に通じている一日本人が私に確言したところによると、毒殺されたのだという。

（坂田精一訳、岩波文庫、上巻、一九六〇年。傍点は中村）

サトウは明治二年一月十四日（一八六九年二月二十四日）に賜暇《しか》を得て、ひとまずイギリスへ帰り、『一外交官の見た明治維新』もその日の記述でおわっている。だからこの「数年後」とは、明治二年一月十四日以前のことと考えられる。すなわち孝明天皇毒殺説は、その崩御から約二年後には一部の日本人の間で「確言」されるようになっていたのだ。

それにしてもだれかが毒殺されたという説は、では犯人は何者か、という点についても答えを用意していない限り、容易にひろまるものではあるまい。サトウの回想録には犯人に関する記述もあるので、天皇の崩御から十カ月後の慶応三年（一八六七）十月十四日、十五代将軍徳川慶喜《とくがわよしのぶ》が大政奉還を申し出たことを頭に入れて読んでゆこう。

この天皇《ミカド》は、外国人に対していかなる譲歩をなすことにも、断固として反対してきた。そのために、きたるべき幕府の崩壊によって、否が応でも朝廷が西洋諸国との関係に当面しなければならなくなるのを予見した一部の人々に殺されたというのだ。この保守的な天皇《ミカド》をもってしては、戦争をもたらす紛議以外の何ものも、おそらく期待できなかったであろう。（傍点は中村）

「保守的」の反対語は「急進的」である。幕末の「急進的」グループとしては再鎖国を主張した尊《そん》王攘夷派《のうじょういは》が挙げられ、特に過激で武力討幕を主張したグループは尊攘激派と呼ばれた。

孝明天皇は、ペリー来航の直後こそガチガチの攘夷論者であったが、文久二年（一八六二）二月、妹の皇女和宮《かずのみや》が十四代将軍家茂《いえもち》に嫁ぎ、公武合体《こうぶがったい》の世を迎えたあたりから、尊攘激派公卿《くぎょう》たちとは一線を画しはじめた。天皇は、勝手に勅《ちょく》を偽造してまでして再鎖国に走ろうとする激派を自分をないがしろにする者として憎悪したのだ。

だから天皇は、文久三年（一八六三）八月十八日、公武合体派の薩摩藩と会津藩が薩会《さっかい》同盟を結んで激派公卿の三条実美《さんじょうさねとみ》ら七卿《しちきょう》を京都から追放する政変を起こすや、大いにこれを喜んだ。さらに天皇は翌元治《げんじ》元年（一八六四）七月十九日、尊攘激派の西の総本山長州藩からの遠征軍が御所攻撃に踏み切って禁門《きんもん》の変を起こし、敗退すると、長州藩主毛利《もうり》敬親《たかちか》を朝敵として征伐せよ、と主張した。

そこで幕府が三十六藩の兵を動員、広島へ集結させたところ、長州藩では恭順派が主流となり、戦争責任者とした家老三人を切腹させてその首を差し出したため、このときは開戦には至らなかった（第一次長州追討）。

しかし、その後長州藩では恭順派が追放されて討幕派が主流となり、幕命をいっさい無視するようになった。そのため慶応二年（一八六六）六月に開戦となった第二次長州追討戦は、幕府軍および公武合体派諸藩の連戦連敗となり、七月二十日には十四代将軍家茂が失意のうちに大坂城で死亡。公武合体の世は、うたかたの夢と消えた。すでに薩長同盟を密約していた薩摩藩と長州藩が王政復古の青写真を持つ岩倉具視《いわくらともみ》と結び、討幕に向かって動き出すには好機到来となったわけである。

しかし、ここにひとつ問題が残った。討幕と王政復古がふたつながら成功したとしても、異人大嫌いの孝明天皇が親政をおこなうようになったりしたら、欧米列強と戦争になるのは目に見えている。だからこの際、天皇には退場してもらい、まだ新政府に口出しできるほど世慣れてはいない睦仁親王に代わっていただこう。

サトウの回想録のいう「きたるべき幕府の崩壊によって、否が応でも朝廷が西洋諸国との関係に当面しなければならなくなるのを予見した一部の人々」が天皇を弑逆したという論理は、よりわかりやすくいえば以上のようになる。孝明天皇毒殺説からは、女官たちの噂話には欠けていた複雑な政治状況とのかかわりが読み取れるのだ。

というのに戦前の日本の史学界は、サトウの右の記述を一顧だにしなかった。その理由を明田鉄《あけたてつ》男《お》の「孝明天皇怪死事件――病死・毒殺説の周辺」(『人物探訪日本の歴史20　日本史の謎』所収、暁教育図書、一九八四年)は翻訳上の問題に帰している。

一九二一年(大正十年)ロンドンで刊行されたこの手記は、昭和十三年と十八年に邦訳本が出てはいるが、いずれも当時の皇国史観に都合の悪いところは全部削られているので、毒殺説など日本人の目にふれるはずがなかった。

国定説に疑念を抱かなかった史学界は、サトウの原文の指摘する大問題についに気づかなかったわけである。

佐伯理一郎の爆弾発言

しかし、そんな閉塞的な時代のつづいていた昭和十五年（一九四〇）、孝明天皇は毒殺されたのだ、黒幕は岩倉具視、一服盛ったのは女官として出仕していたその「姪《めい》（?）」である、と公の席で発言する人物があらわれた。京都の医学博士で医学史にも詳しかった佐伯《さえき》理《り》一郎《いちろう》（一八六二―一九五三）、当時七十九歳。

その発言は弟子筋の中野《なかの》操《みさお》のエッセイ「佐伯先生の事ども」に詳述され、昭和二十八年（一九五三）六月二十七日発行の『日本医事新報』第一五二二号に掲載された。以下その一部を引くが、文中の伊良子《いらこ》光義《みつよし》とは光順《みつおさ》の孫（光孝の父）のこと、「光尊」は光順の誤りである。

> 昭和十五年七月に当地〔大阪〕の学士会クラブで例会を催した時の事である。日華事変がだんだん抜きさしならぬ段階に深入りし、日本は軍人官僚万能の下に次第に独善的な神がかり状態に陥《お》ちこんで行く頃のことだ。その日、伊良子光義博士が朝廷の典医だつた祖父光尊〔ママ〕氏の日記の一部を供覧せられたのであるが、それによると慶応二年の十二月孝明天皇疱瘡御罹患の際、二十二、三日頃順調な経過をとつているというところで記事が中絶している。ところが従来の

史実では十二月二十五日疱瘡のため崩御となつているのである。

　この資料を御らんになつた時、先生はすぐ立つて追加をなされ、天皇が痘瘡にかかられた機会をとらえて、岩倉倶視〔ママ〕が、女官に出ている姪《めい》（？）をして天皇に一服毒を盛らしたのである。公武合体論の弱気の天皇が居られては日本革新の邪魔になるというので犠牲の血祭りにあげたのであるが、自分は或《あ》る事情で洛東《らくとう》鹿ケ谷《ししがたに》の霊鑑寺《れいかんじ》の尼僧となつた当の女性から直接その真相をきいたから間違いはない。伊良子氏の資料に於《お》いて、肝腎《かんじん》のところで、筆が絶たれているのは、わざと誌《しる》すのを憚《はば》かつたのか、箝口令《かんこうれい》によつて筆を折つたのか、この一大事にしめ出しを食つて他の一、二の典医だけしか関与しなかつたので詳細を知らなかつたために日記が欠《か》けたのか、理由は何かわからないが、岩倉の天皇毒殺を裏書する一つの貴重な傍証であると思うと、時と場所も憚らずに毅然《きぜん》として断言せられたのであつた。今日の言論自由の時代とちがい、当時にあつては実に大きな信念と真実を愛する勇気なくしてはこの言を為《な》すことを得なかつたのは云《い》うまでもないので、われわれは先生の話の内容に非常な緊張をおぼえたばかりでなく、一方また話された先生の信念に強く胸を打たれたのであつた。


国定説のみならず不敬罪も存在した時代状況を考えると、これはまことに大胆きわまる発言であった。

とはいえ佐伯理一郎は、目立ちたがりの大法螺《おおぼら》吹《ふ》きなどではまったくない。高名な産婦人科医として佐伯病院、京都産院を経営するかたわら京都看病婦学校、京都産婆学校の校長をつとめたこの人物は、新渡戸稲造《にとべいなぞう》とも交流した熱心なクリスチャンでもあった。

対して岩倉具視（一八二五－八三）は、維新十傑のひとりに数えられる有名人だから説明するまでもないが、幼くして「岩吉」と呼ばれた醜貌には似ず聡明な人物で、安政五年（一八五八）一月、老中堀田正睦《ほったまさよし》が日米修好通商条約締結の勅許《ちょっきょ》を得べく上京した際には、八十八人の勅許反対派公卿の列参をプロデュースし、孝明天皇が幕府に勅許を与えるのを阻止することに成功。しかし、皇女和宮の家茂への降嫁を推進したため尊攘激派に命を狙われ、文久二年（一八六二）八月、官職を辞して仏門に入り、洛北《らくほく》の岩倉村に蟄居《ちっきょ》した。

その後、岩倉は次第に武力による討幕とその後の国家の体制を王政復古とする政治理念を確立し、やはり討幕を是《ぜ》とした薩長両藩の士その他は足繁く岩倉村を訪れることになる。孝明天皇が崩御したころ岩倉はまだ同村に蟄居中であったから、佐伯発言のようにもしも岩倉が「女官に出ている姪（？・）」に一服盛らせたのなら、その指令は岩倉村から出された、と考えねばならない。

では「女官に出ている姪（？・）」とはだれを指すのか。結論だけを示すと、これは「女官に出ていた妹」の誤りで、堀河紀子《ほりかわもとこ》（一八三七－一九一〇）のことをいう。奈良本辰也《ならもとたつや》監修の『幕末維新人名事典』（学芸書林、一九七八年）に、そのプロフィルは以下のように記された。

女官。参議正三位《しょうさんみ》一八〇〇石堀河康親《ほりかわやすちか》の女《むすめ》。岩倉氏を継いだ具視はその次兄。孝明天皇の後宮に仕えて衛門内侍《えもんのないし》または右衛門掌侍《えもんのしょうじ》と呼ばれ、皇女寿満宮《すまのみや》、理宮《ただのみや》を生んだが、いずれも早世した。万延元年（一八六〇）二月、皇妹和宮の将軍徳川家茂降嫁を幕府が奏請《そうせい》してきたとき、少将掌侍今城重子《いまきしげこ》とともに兄侍従《じじゅう》岩倉具視の意を受けてその促進を運動、とくに勾当内侍《こうとうのないし》高野房子《たかのふさこ》を動かすことに暗躍し、翌文久元年十月、宮の降嫁が実現した。このため宮廷内に尊攘急進派の勢力が強まった二年夏、具視、重子らと四奸二嬪《しかんにひん》と称されて排斥を受け、その圧力で九月一日辞官《じかん》隠居を命じられ、洛北大原野《おおはらの》村に幽居した。〔以下略〕（振り仮名と傍点は中村）

容疑者は岩倉具視とその妹

その後、堀河紀子は年月不明ながら、今日の左京区鹿ケ谷御所《ごしょの》ノ段町《だんちょう》にある霊鑑寺（別名、鹿ケ谷比丘尼《びくに》御所）の庵主《あんじゅ》となる。

内廷の女官たちのうち上臈《じょうろう》と称される高級な身分の者には、局《つぼね》と呼ばれる私室が与えられた。御局さまという呼称はこれに由来するのだが、紀子も女官であった時代には局を与えられ、「堀河の局」と呼ばれていた、と『天脈拝診日記』は後続する部分で書いている。ならば、初め伊良子光孝が「〇〇ノ御局様」と表記した女官とは堀河紀子のことかも知れない。

ただし、このような見解には一時代前から異論がある。『幕末維新人名事典』堀河紀子の項の、先ほど「〔以下略〕」とした部分にそれが記されている。

慶応二年（一八六六）十二月孝明天皇が痘瘡で死んだあと、病状の不審な点などから毒殺説が流れ、急進討幕に走った具視が親幕の天皇を抹殺するため紀子を使った、との説が論議されているが、当時は兄妹とも幽居の身であり、真相は疑問である。

こうした杓子定規《しゃくしじょうぎ》な反対意見は、事実を見ていない。『岩倉公実記』などを読めば、具視の蟄居先を訪れた者は山ほどいたと知れる。ならば紀子のもとを訪れ、具視の指示を伝えた者がいたとしても不思議ではなく、紀子が皇女ふたりを産んだ身分の者としてそれを内廷に伝えれば、女官たちを動かすことも可能であったろう、と容易に想像がつくからだ。

ちなみにいま引用した文章が中野操「佐伯先生の事ども」の内容を意識して書かれたことは確実だが、毒殺説の歴史をたどると、昭和二十年（一九四五）夏の敗戦によって国定説といった縛りも不敬罪も過去のものとなるや、よりリアルに毒殺説を語る研究が登場したことが知れる。ねずまさし（一九〇八–八六）の単行本『天皇家の歴史』下（三一書房、一九七三年。「あとがき」によれば初刊は新評論社、一九五三年）と論文「孝明天皇は病死か毒殺か」（『歴史学研究』第一七三号、一九五四年七月）がそれである。

天皇は回復していた

ねずまさしは慶応二年（一八六六）十二月十七日に痘瘡と診断された孝明天皇につき、十八日から護浄院《ごじょういん》の湛海権僧正《たんかいごんのそうじょう》が参内《さんだい》して加持祈禱《かじきとう》をおこなった事実を初めて発掘。湛海の日記を入手し、その内容を紹介してみせた。

十八日の症状は相当に悪く、「御上《おあが》り物《もの》御薬など御返し（嘔吐《おうと》）……御出物御膿ぬるぬるあらせられ……御障子一ト間御切明け、それより竜顔を奉拝、御加持申上候」とある。〔略〕ところが十九日から前述のように（僧正は「法験《ほうげん》あらわれ」と誇っているが）、天皇は食欲が出はじめ、翌日は「叡感《えいかん》斜めならず」（気分がよくなった）というので、彼は三十両を与えられた。それ以後は典医の公報同様に「順症」となって、快方へ進み、皇后（准后《じゅごう》）らも安心した。そこで二十四日は加持も七日目で満願となり、一応打切った。しかし准后からはなお当分加持にくるように依頼された。

（『天皇家の歴史』下）

天皇が二十二日から二十四日の午後七時までみごとな健啖《けんたん》ぶりを見せるまでに回復していたことは、『孝明天皇紀』第五や『中山忠能日記』三（日本史籍協会編、東京大学出版会〔復刻〕、一九七三年）に詳述されている。

忠能は禁門の変を起こした長州藩に同情して天皇に寛典《かんてん》処分を願い出たところ、逆鱗《げきりん》に触れて禁足を命じられていたため参内できなかった。そのため睦仁親王の世話をするため内廷にいる中山慶子がほぼ毎日、父に天皇の病状を伝えていた。忠能がそれを逐一《ちくいち》日記に記したため、『中山忠能日記』三は孝明天皇の臨終の模様を伝える重要史料となったのだ。

慶子の手紙によると、天皇の容態は二十四日夜に急変。激しい下痢と嘔吐がつづいて何も食べられなくなり、二十五日までに発したのは二、三回「大典侍《おおすけ》、大典侍」と女官の長を呼んだことばのみ。しかもそのとき、なぜか大典侍は御側《おそば》に居合わせなかった。他の側近たちが当惑するうち危篤状態となったため、睦仁親王もにわかに対面。前後して「御九穴《ごきゅうけつ》より御脱血」となった天皇は、「見上候も恐入候　玉体様」と化して二十五日午後八時頃に事切れた（引用はすべて『中山忠能日記』三より）。

ねずまさしはこれらの過程を明らかにした上で、「御九穴より御脱血」という最期は砒素《ひそ》による毒殺であると断定的に論じた。九穴とは人体にある九つの穴、すなわち両目、両耳、両鼻孔、口、尿道、肛門の総称である。ねずは中国の明代の小説『金瓶梅《きんぺいばい》』の第五話に武太郎《ぶたいろう》が妻に砒素で毒殺される場面があるのを知っており、その断末魔の姿を孝明天皇と「全く同じ死の状況である」と見たのだ。

ちなみに砒素という猛毒は無色無味無臭で湯によく溶けるため、洋の東西でしばしば毒殺に用いられてきた歴史がある。ルネサンス期のローマ法王アレクサンデル六世とその息子チェーザレ・ボルジアは、砒素入りワインによってたびたび政敵を毒殺したとされている。

十七世紀半ば、ナポリで売り出された化粧水「トファーナ水」にも砒素が入っており、貴婦人たちは邪魔になった夫たちを殺すために使ったという（山崎幹夫『毒の話』中公新書、一九八五年）。

また光緒《こうしょ》三十四年十月二十一日（一九〇八年十一月十四日）、三十九歳の若さで崩御した清朝十一代皇帝光緒帝は長く自然死とされてきたが、その後の再調査で遺髪などから砒素が検出され、二〇〇八年、中国の清朝史編纂委員会はその死因を毒殺と結論づけた。ただし犯人は不明だそうだ（加藤徹『西太后』中公新書、二〇一一年、第九版）。

日本では石見《いわみ》銀山で産出する砒石《ひせき》（砒素をふくむ鉱物）から作る殺鼠剤《さっそざい》が「石見銀山鼠取薬《ねずみとりぐすり》」「猫不要《ねこいらず》」として盛んに売られ、だれでも買うことができた。だから岩倉具視と堀河紀子にリモートコントロールされた女官のだれかがこの毒を入手し、天皇用の薬湯に投入するケースもあり得るのだ。

次章では毒殺説と病死説がその後どう進展したかを見てゆこう。

第二章　穴を掘る人、掘らぬ人

天皇は急性砒素中毒

ねずまさしの孝明天皇毒殺説の結論は、岩倉村に蟄居《ちっきょ》している岩倉具視の指令によって元高級女官であった妹の堀河紀子《ほりかわもとこ》や高野房子が暗躍し、内廷にいる女官のだれかを動かして天皇に砒素《ひそ》を置毒させた、というものであった。

また具視の孫の具定《ともさだ》〔正しくは第三子〕は、幼時から児《ちご》として天皇の側近につかえ、当時は十六歳で、近臣として勤仕していることも、一考を促す材料である。天皇があくまでも幕府と結んで、征長役〔長州追討戦〕を勅許《ちょっきょ》して、討幕派に対抗する以上、このようなテロルが計画されるのは、宮廷の必然的なりゆきであって、天皇は討幕派の闘争の血祭りにあげられたといってよい。

（『天皇家の歴史』下）

佐伯理一郎の爆弾発言は「岩倉具視が、女官に出ている姪《めい》（？）をして天皇に一服毒を盛らした」という二段階置毒説だったが（本書一九～二〇ページ参照）、こちらは指令者を岩倉、中間項を堀河紀子と高野房子とし、現役の女官の誰かを実際の置毒犯とする三段階置毒説。

しかも具定の線から岩倉具視の影響力が内廷に達し得ると明らかにしたことは、護浄院の湛海《たんかい》権僧正《ごんのそうじょう》の日記を発掘したこと、使用された毒を砒素と特定したことともに、ねずまさしの評価すべき見解である。

「天皇の死因について、戦前にこれを論ずることはタブーであったが、戦後の一九五四年、ねずまさし氏は、信憑《しんぴょう》すべき史料にもとづき天皇の死因が毒殺であることを論証した」（『近代史を視る眼』所収「孝明天皇病死説批判」）

と石井孝はこの研究を高く評価し、みずからも孝明天皇の症状を現代医学の知識によって確認すべく法医学者の西丸與一《にしまるよいち》横浜市立大学教授に教えを請うた。これは、当時石井孝もおなじ大学の教授だったため西丸教授に助言を求めたのであろう。西丸は「一三種に及ぶ法医学書（裁判化学書を含む）のうち砒素中毒に関する部分のコピーを提供された」（同）。

これは西丸も石井孝の伝えた天皇の末期《まつご》の症状を砒素中毒と判断したことを意味し、石井は『幕末非運の人びと』（有隣堂、一九七九年）の中で左のように述べた。

急性砒素中毒には、急激な経過をとる麻痺《まひ》型と一般的にみられる胃腸型とがある。天皇の場合は、いうまでもなく胃腸型に属する。この型の最もいちじるしい特徴は、コレラにみられるような激しい下痢・嘔吐で、胃腸の激痛がこれにともなう。また砒素は粘膜に対して腐蝕《ふしょく》性を有し、しばしば胃・腸その他の粘膜からの出血がみられる。結局、胃腸型の急性中毒にあっては、疼痛《とうつう》と脱水により急速に衰弱し、体温や血圧が低下し、脈搏《みゃくはく》が微弱となり、虚脱状態におちいり、一日ないし数日で死亡する。天皇の場合は、中毒症状が現れてから死にいたるまで、わずか一昼夜に加うるに、せいぜい数時間にすぎないと思う。そこには急性砒素中毒としての典型的経過がみられるようである。

そして石井孝は一種の比較対照表を作って同書中に示し（次ページ参照）、こう結論づけた。

このように医学書の記載と天皇の症状とを照合すると、すべて急性砒素中毒の特徴と合致している。いまやいやしくも事実を重んじる歴史家であるならば、天皇の死因が急性毒物中毒であることを疑う余地はなくなるのではなかろうか。

ねずまさしが『金瓶梅』の毒殺シーンとの共通性から思い至った砒素による毒殺説は、史料に記された天皇の症状と法医学書の記述を突き合わせた結果、『孝明天皇紀』や『維新史』の依拠する病死説を否定するに足る論理性と説得力を持つに至ったのである。

〈天皇の症状〉	〈医学書の記載〉
「昨（二十四日）夜より御大便度々御通し、御容体御宜しからず、御ゑつき強く、召上り物御不食」（中山忠能日記）	コレラ様の激しい嘔吐・下痢
「御胸先へ御差込容易ならず」（湛海日記）「胸をかきむしってのお苦しみ」「七転八倒の苦しみ」（天脈拝診日記）	胃腸の激痛 腹部の焼けるような疼痛と腹部の痙攣
「廿五日後は御九穴より御脱血」（中山忠能日記）	胃腸その他の粘膜よりの出血
「御痰喘の御容子」（伊良子光順日記）「御痰気相募」（野宮定功日記）	口内乾燥・咽頭炎・煩渇を訴えることもある
「御脈微細、四肢御微冷」（野宮定功日記）	血圧・体温の下降、脈は小さく速く微弱不整

新しい「玉」が必要

石井孝は自分の功を誇らない人で、ねずまさしの研究が発表されて以来、「学界では毒殺説が有力となってきた」という一文が前出『近代史を視る眼』所収の「孝明天皇病死説批判」に見える。
石井のこの要約が正しいことは、次に引く歴史学者ふたりの文章によって判じられる。
まずは、のちに京都大学教授となる佐々木克《ささきすぐる》（一九四〇―二〇一六）が、中公新書の一冊として刊行した『戊辰戦争』（一九七七年）の孝明天皇の死に触れたくだり。

しかし当時の政治情況を考えれば、自然と犯人の姿は浮びあがってくる。洛北に幽居中ながら、王政復古の実現を熱望して策謀をめぐらしている岩倉にとって、もっとも邪魔に思える、眼の前にふさがっている厚い壁は、京都守護職会津藩主松平容保《まつだいらかたもり》を深く信任し、佐幕的朝廷体制をあくまで維持しようとする、親幕派の頂点孝明天皇その人であったはずである。岩倉自身は洛北の岩倉村に住んでおり、行動が不自由で朝廷には近づけなかった。しかし岩倉と固くラインを組み、民間にあって自由に行動し策動しえた大久保利通《おおくぼとしみち》がいる。大久保は大原重徳《おおはらしげとみ》や中御門経之《なかみかどつねゆき》ら公卿《くぎょう》のあいだにもくい込み、朝廷につながるルートを持っていた。孝明天皇の周辺には、第二第三の岩倉や大久保の影がうごめいていたのである。直接手をくださずとも、孝明天皇暗殺の黒幕がだれであったか、もはや明らかであろう。

岩倉や大久保にとって、天皇の存在は自らの意志で自由にできる「玉《ぎょく》」であり、場合によっては「石」にも変りうる、それほど軽いものだったのだ。（傍点は佐々木、振り仮名は中村）

岩倉を天皇毒殺の黒幕と見ることは、佐伯理一郎、ねずまさし、石井孝とおなじだが、大久保利通を岩倉の共犯者のように語っているのは佐々木のみであることに留意したい。

北海道大学教授田中彰《たなかあきら》（一九二八－二〇一一）は長州藩の故地山口県の出身ながら毒殺説を支持し、『明治維新の敗者と勝者』（NHKブックス、一九八〇年）の中で左のように論じている。

たしかに、天皇毒殺の一斑の理由を、サトウがいうようにその頑固な攘夷主義に求めることはできようが、それだけでは十分ではない。〔略〕
むしろ問題は、天皇が生きていたら「討幕の密勅」が実現を見なかったことは疑いない、といわれているように、天皇が倒幕運動の障害になり始めていたことである。あの八・一八〔文久三年八月十八日の政変〕の尊攘・討幕派公卿追放の当の責任者は天皇であった。この天皇の下では討幕派の進出は不可能であり、倒幕の大義名分を、この天皇からえることはまったく見込みのないことであった。

「玉」は奪いえない。いや、むしろ邪魔にさえなる。新しい「玉」こそが必要である。時あたかも、天皇は疱瘡に感染した。チャンスはやってきた。討幕派の一演出者が、ここでひとつの暗殺劇をしくんだとしてもあえて不思議ではない。

そして、それは見事に成功した。

慶応三年（一八六七）正月九日、明治天皇は数え年十六歳で即位した。追放されていた親王・公卿はいっせいに赦免された。岩倉をはじめとする「王政復古」派の公卿は、この新しい「玉」をいただいて公然と政治活動を開始した。

ここにいう「討幕派の一演出者」とは佐々木のいう「孝明天皇暗殺の黒幕」のことであり、これも岩倉を指しているのはあきらかである。

さて、ここまで論を進めてくると、孝明天皇毒殺説の追究とは、実は毒殺犯グループの捜索であることがはっきりしてくる。

これまでにその黒幕と名指されたのは岩倉のみ。その意を体し、岩倉の妹で元女官の堀河紀子ないし高野房子が内廷の高級女官の誰かに働きかけて天皇の薬湯に砒素を混入させ、弑逆に及んだという犯行の構図が、いまだ不鮮明な点を残しつつも浮かび上がってくるのだ。

となれば維新史研究者たちの次になすべきは、岩倉が弑逆を決意した動機の追究、内廷にあって実際に置毒した高級女官の特定、その女官が危険な最終走者の役割を引き受けた理由の探究、維新史の評価の再考などでなければならない。

かつて拙著（『幕末維新史の定説を斬る』講談社、二〇一一年。講談社文庫、二〇一五年）のうちに書いた一文を、ここでリフレーンしておこう。

「ドイツの数学者ヒルベルト以降の公理主義は、ある仮説によってすべての事実を矛盾なく説明できれば、その仮説は定説として認知されるべきだ、と教えている」

岩倉を黒幕とし、その岩倉からリモートコントロールされた高級女官の置毒による孝明天皇の毒殺という仮説を定説として確定させるには、右に「次になすべき」こととした諸点について充分に説得力ある答えを提示しなければならない、ということである。

「デマ」「風説」という意見

しかし筆者の期待に反し、史学界はそのような方向へは進んでゆかなかった。「石油はあと二十年しか保《も》たない」式の古い見解、すなわち無批判に『孝明天皇紀』『維新史』の病死説をもって良しとする保守的体質の学者たちが、ここで毒殺説の深化にブレーキをかける役を果したからだ。

これらの学者がどんな論理を用いたかを、ざっと頭に入れておこう。

吉《よし》田《だ》常吉《つねきち》（一九一〇―九三）は文部省維新史料編修官、東大史料編纂所教授、駒澤大学教授などを歴任した維新史の専門家。昭和二十四年（一九四九）五月、『日本歴史』第一六号に発表された「孝明天皇崩御をめぐっての疑惑」はのちに「孝明天皇毒殺説」と改題され、その著作『幕末乱世の群像』（吉川弘文館、一九九六年）に収録された。

この論文は『中山忠能日記』慶応三年（一八六七）一月四日の園家の老女浜浦からの来信（本書一二ページ参照）を示して、毒殺説が崩御の直後から流れはじめていたことに初めて言及したのは良かったが、「天皇毒殺事件をデマ――それが急進派の政治的陰謀にせよ、単なる噂にせよ――と片づける」として、天皇の側近くにはほぼ同時期に天然痘を病んだ者たちが複数いたことを提示する、という筆法を取った。つづいて安永二年（一七七三）と文化二年（一八〇五）にも時の天皇が痘瘡を病んだことが示され、吉田はこう結論づけた。

以上で天皇もまた疱瘡《ほうそう》に御感染し得る御環境にあられることを立証したわけだが、こうみてくると、従来の定説、すなわち天皇が御疱瘡にかかられ、これがもとでなくなられたという事実は、余程確乎《かっこ》たる反対史料がない限り、これを覆すわけにはいかない。

この吉田論文が発表されたのは、ねずまさしの毒殺説の提唱より四年前のこと。だから毒殺説の論旨をよく理解できずに書かれているのは致し方ないにしても、『孝明天皇紀』をよく読めば天皇は発病後十一日目の慶応二年（一八六六）十二月二十二日以降、みごとな健啖《けんたん》ぶりを見せるまでに回復していたことが知れる。

だからこそ二十四日夜に容態激変して死に至ったのはなぜかという問題意識から毒殺説が検討されるようになるのであり、毒殺説の支持者に天皇が痘瘡を病んでいたことを否定する者はいない。すなわち吉田の、天皇は痘瘡を病んで亡くなった、だから天皇毒殺はデマだと「片づける」という論理は、毒殺説の論理とはまったく嚙み合っていなかった。音痴の歌う歌と楽譜の関係のように。

対して文部省維新史料編修官、東大史料編纂所教授と吉田とおなじコースを歩んだ小西四郎《こにししろう》（一九一二―一九六）は、その著書『日本の歴史19　開国と攘夷』（中央公論社、一九六六年）の中で先輩吉田の説を支持しながら毒殺説も紹介する、というバランスの良さを見せた。

事実、岩倉具視がこれ〔毒殺〕を画策した、という風説もある。もちろん風説であって、岩倉にとっては迷惑千万のことかもしれないが、しかし岩倉にはそれ以前にも、天皇毒殺をはかったとの評判がたっている。すなわち文久二年（一八六二）の和宮《かずのみや》降嫁問題のとき、岩倉がこれを画策しているとて、次のような脅迫状がかれの邸《やしき》に投げこまれている。

「天皇に猛毒をのませようとはかったとのうわさが、しきりに流れているが、京都を立ちのかないならば、首を四条河原にさらし、家族の者にも危害を加えるぞ」

と。こうした岩倉が、疑惑の目で見られたのも当然であった。（傍点は中村）

この巻をふくむ『日本の歴史』シリーズは中央公論社の放ったベストセラーであったから、右の文章により孝明天皇の死について毒殺説があること、それを画策したのは岩倉だとする説もあることを初めて知った日本人も多かったことだろう。

ただし小西は毒殺説を「風説」と決めつけているのであり、ねずまさしの研究を高く評価し、みずからも毒殺説を唱えるに至った石井孝とはかなり趣を異にする。それかあらぬかこれ以降は、病死説を主張しつつさらりと、しかも否定的に毒殺説に触れる、という筆法を取る学者が多くなった。

たとえば名古屋大学、立教大学の教授を歴任した大久保利謙《おおくぼとしあき》（一九〇〇－九五）は、その著書

『岩倉具視』（中公新書、一九七三年）の中で「毒殺の蔭《かげ》の謀主が岩倉であるという説」に触れ、「そのような噂のあることは否定できない」が「恐らく岩倉攻撃のためのデマであろう」とした。

毒殺を「デマ」だと故なく決めつけたのは、吉田常吉とおなじ態度である。しかしこの人は大久保利通の孫であり、利通はよく知られている岩倉の同志。岩倉に近い人は病死説を支持して毒殺説を否定する傾向にあり、その傾向は永井路子《ながいみちこ》（一九二五－二〇二三）の『岩倉具視――言葉の皮を剝きながら』（文藝春秋、二〇〇八年）に及んでいることを付記しておこう。永井は具視の曽孫の具栄《ともひで》とかつて交流があった、と同書「あとがき」に書いている。

また、日本史籍協会代表森谷秀亮《もりやひですけ》（一八九七－一九八六）の書いた『岩倉具視関係文書』八（同協会編、東京大学出版会［復刻］、一九八三年）の「解題」には次の一文がある。


実証主義的立場にある私としては、孝明天皇死因に関する風説を肯定することにもちろん躊躇《ちゅうちょ》し、岩倉一派を毒殺下手人とみる論の如《ごと》きは、岩倉の行動に疑念を抱くものが作為した誣言《ふげん》であると極言するに憚《はばか》らない。

幕末は暗殺の時代

ここにも小西の用いた「風説」という表現があらわれているばかりか「誣言」という言葉まで使われる。これは「つくりごと。事実を偽っていう言葉」（『新潮国語辞典』）という意味だから、毒殺説論者を嘘つき、ないし詐欺師呼ばわりするに等しい態度である。

さて、この拙文を前章からここまで読んで下さった皆さんは、病死説と毒殺説のどちらに理があると感じただろうか。

参考までにいうと、筆者は昨年（二〇二二）十二月にグランドヒル市ヶ谷で孝明天皇について講演した際、まずはじめに百人以上の聴衆に、「天皇は毒殺されたと思う人は？」とたずねてみた。挙手したのは約半数。次に「病死したと思う人は？」とたずねたところ、挙手した人は何と皆無であった。

史学界では吉田常吉、小西四郎、大久保利謙、森谷秀亮、歴史小説家では永井路子と、病死説を支持する向きが少なくないようだが、孝明天皇はなぜ死んだかという問題に関心のある人々には、佐伯理一郎、ねずまさし、佐々木克、田中彰、石井孝と受け継がれてきた毒殺説をもって良しとしている者が多いのである。

それは、決して困った傾向ではない。すでに名前の出た天皇の典医のひとり伊良子光順《いらこみつおさ》は、実は孫の光義や曽孫の光孝によって一部公開された日記のほかに、未公開の手記（メモ）も残していた。そうと知って石井孝が伊良子光孝を訪ねても見せてもらえなかった、という曰《いわ》くつきの手記だが、これについて石井はこう述べたことがある。

しかし、伊良子家で古文書の整理に従事した日本医史学会員成沢邦正氏は、「記録されているのは天皇の容体の急変と、尋常ではないお苦しみの様子だけですが、毒殺と疑っているような表現がありますね。私は当時の砒素系の殺鼠剤〝石見銀山〟などが使われたのではないかと見ているのですが……」（「週刊新潮」一九七五年四月十七日号）と語っている。治療に当った医師自身、急性砒素中毒であるとの強い疑いをもっていたことが知られる。この貴重な史料が公開されれば、毒殺説はいっそう説得性を増すにちがいない。

（「孝明天皇病死説批判」）

残念ながらその後、伊良子家は光順の手記を公開することなく今日に至っているが、このような未公開史料が存在する以上、毒殺説はより深化する可能性を残している。

対して病死論者グループに共通するのは、前述のごとく毒殺説を「デマ」「風説」「誣言」と一方的に斬り捨てるばかりで、毒殺説支持者が論拠とするところを謙虚に再検討してみよう、という見識がみごとなまでに欠落している点である。

その点で両者の関係は、ボーリング作業をつづけて地下の鉱脈を掘り当てようと励む人々と、そんなところを掘っても何も出ないとわからないのか、と土手の上で野次るだけの見物人のそれに似ている。より史料を掘り下げようともせず毒殺説を誣言呼ばわりする態度は、野次どころか名誉毀損に当たるといわれても致し方あるまい。

世界史的・国際的視点の欠落

それにしても病死論者たちは、なぜ天皇は疱瘡に罹《かか》ることはあっても毒殺されることはない、といわんばかりの態度を取るのか。そこには天皇を神聖にして不可侵の現人神《あらひとがみ》と見る明治の感覚がまだ揺曳《ようえい》しているのかも知れないが、よりはっきりしているのは世界史的・国際的視点の欠落である。

古代ローマ史を思い出せば、ネロの母アグリッピナはネロを皇位につかせるため夫のクラウディウス帝を毒殺。願い通り皇帝となったネロはアグリッピナと妻のオクタウィアを殺したばかりか、先帝の子ブリタンニクスを毒殺した。ルネサンス期に砒素がしばしば毒殺に用いられたことにはすでに触れたが、戦後日本では以下のような毒殺事件が大きく報道された。

昭和二十三年（一九四八）一月の帝銀事件、同六十一年（一九八六）に起こって平成三年（一九九一）に発覚したトリカブト殺人事件、同六年（一九九四）・七年（一九九五）に起こったオウム真理教信者による松本サリン事件と地下鉄サリン事件、同十年（一九九八）に和歌山市で発生した毒物カレー事件……。

ヨーロッパを見れば一九七八年九月七日、ロンドンのウォータールー・ブリッジを歩行中のブルガリア人亡命作家ゲオルギー・マルコフは擦れ違った男の傘《かさ》に仕込まれた空気銃で右太腿《ふともも》を撃たれ、微細な弾丸内の毒物リシンによって死亡。これはブルガリア内務省による暗殺と見られる。二〇〇六年十一月、ロシアからイギリスに亡命していた元KGB職員アレクサンドル・リトビネンコは、再会したKGB時代の同僚と緑茶を飲んだところ放射性物質ポロニウム210が体内に入り、暗殺の指令者はプーチンだ、と語って死んでいった。

　ロシア、東欧、イスラム圏の現代政治やローマ史の研究者の間では、不審な死を遂げた者がいたらまず毒殺された可能性を考える、というのが常識となっている。

　そこで日本史を振り返れば、特に幕末は〈暗殺の時代〉であり、大老井伊直弼《いいなおすけ》が尊攘激派に襲殺されて以来、名のある者が多く非命に斃《たお》れた。ヒュースケン、清河八郎《きよかわはちろう》、激派公卿の姉小路公知《あねがこうじきんとも》、坂本龍馬《さかもとりょうま》、中岡慎太郎《なかおかしんたろう》と名前を挙げてゆけばきりがないほどで、開国後、公使館をひらいた列強の館員や軍人も襲われたため、アサシン（assassin）、アサシネイト（assassinate）という英語が日本語に取り入れられ、発音の似た「暗殺者」「暗殺する」という新語さえ誕生した。

　こういう時代に天皇が異様な死に方をしたのであれば、まず暗殺された可能性を検証する。それが歴史家の務めだというのに、毒殺説を「デマ」「風説」「謡言」と決めつけて顧みないようでは、何をかいわんや、である。

　次章は病死説のより大きな誤りを眺めたあと、最新の研究を紹介し、最後に筆者の見解を披露する、という方向で論を進めたい。もちろん最後には、その手で置毒をおこなった高級女官の名も特定して御覧に入れよう。

第三章　迷走する病死説

置毒犯の容疑者リスト

第二章で紹介した石井孝『幕末非運の人びと』について補筆すると、有隣堂から有隣新書の一冊として刊行された同書は、岩瀬忠震《いわせただなり》（開国時の幕府外国奉行）、孝明天皇、徳川慶喜、小栗忠順《おぐりただまさ》に一章ずつを当てた構成であった。

本書三〇ページに引用した〈天皇の症状〉と〈医学書の記載〉との対照表は「II　反維新に殉じた孝明天皇」に掲載されたものであり、石井孝はそのつづきの部分で、

「下手人は女官の誰かであろうが、一女官にそんな大それたことができるはずはないので、その背後には当然、黒幕がいたはずである」

と述べ、それまで筆者が知らなかった書籍に言及していた。一条家の元家臣下橋敬長《しもはしゆきおさ》の談話筆記をまとめた『幕末の宮廷』（平凡社東洋文庫、一九七九年）である。その巻末（羽倉敬尚《はぐらけいしょう》による「解説」）には、孝明天皇に仕えた女官たちのリストが「慶応二年正月女房次第」と題されて掲載され

ている、というのだ。
すでに書いたように、天皇が崩御したのは慶応二年（一八六六）十二月二十五日のこと。岩倉具視を黒幕、その意を体した堀河紀子《ほりかわもとこ》や高野房子が現役の女官の誰かに働きかけて天皇の薬湯に砒素《ひそ》を混入させたとする毒殺説を肯定するならば、置毒犯である女官の名もこのリストに記されている可能性がきわめて高い。

そう考えた筆者は、平成二十二年（二〇一〇）、『小説現代』別冊『KENZAN!』誌の一一号から一三号にかけて「孝明天皇は「病死」したのか」百七十八枚（『幕末維新史の定説を斬る』所収）を書いたとき、このリストに名前のある二十人から皇女和宮《かずのみや》の十四代将軍家茂《いえもち》への降嫁に同行して江戸へ下向した庭田重能《にわたしげよし》の娘嗣子《つぐこ》四十六歳（宰相典侍）、鴨脚光陳《いちょうみつのぶ》の娘克子《かつこ》五十一歳のふたりを除いた十八人を天皇毒殺事件の容疑者とみなし、一覧表を作って載せておいた。

それを十三年ぶりに再掲しよう。（　）内は職名、（　）のないのは職名が記載されていない者、片仮名の振り仮名は原文通り、官位は省略。難読の名前や職名が頻出するが、本稿の論旨には関係しないので流し読みして下さってかまわない。

中山愛親の娘　績子《イサ》七十二歳（大典侍）
広橋胤定の娘　静子《サダ》四十六歳（帥典侍）
甘露寺愛長の娘　尚子《ヒサ》二十八歳（按察使典侍）

中御門経之の娘　良子二十五歳（督典侍）
中山忠能の娘　慶子《ヨシ》三十二歳（新宰相、元督典侍）
滋野井実在の娘　在子二十歳（中将典侍）
綾小路有良の娘　長子《ツネ》十九歳（新典侍）
花園公総の娘　総子《ミチ》二十歳（勾当掌侍）
豊岡随資の娘　穆子《アツ》二十四歳（大輔掌侍）
山本実政の娘　鈔子《ウツ》十六歳（小式部掌侍）
千種有顕の娘　芳子二十歳（源掌侍）
押小路師武の娘　甫子《ナミ》五十九歳（命婦、大御乳人）
壬生輔世の娘　広子十九歳
鴨脚秀豊の娘　昭子六十七歳
東相村の娘　村子《ムラ》五十七歳
西師応の娘　賀子《マス》二十二歳（女蔵人）
松室重吉の娘　恒子《ノブ》二十二歳
生島成房の娘　朝子《アケ》六十八歳（御差）

この十八人のうち、中山慶子《なかやまよしこ》は明治天皇の生母だから容疑者から外すべきであろう。押小路甫子《おしこうじなみこ》の元の職名大御乳人《おおおちのひと》とは天皇の乳母という意味だから、この人も外すべきか。
するとと容疑者は十六人となるが、この十六人の職名のうち、典侍、掌侍、命婦については、皇室事典編集委員会編著『皇室事典』（角川学芸出版、二〇〇九年）に解説がある。

典侍《てんじ》・権典侍《ごんのてんじ》　天皇の服、膳、湯などの奉仕をし、剣璽《けんじ》渡御《とぎょ》の際には剣璽を捧持し、女官の監督などをした。
掌侍《しょうじ》・権掌侍《ごんのしょうじ》　天皇の膳の運搬、皇后の服、膳、湯の奉仕、典侍故障の際の代行。
命婦《みょうぶ》・権命婦《ごんのみょうぶ》　日常の雑務一切を担当し、膳を運び、毒味をした。

典侍の筆頭は大典侍で、オオテンジないしオオスケと読む。掌侍の筆頭は勾当掌侍《こうとうのしょうじ》で、これら高級女官に対して命婦は中級の女官であり、定員は四、五人。その下に下級の者として女蔵人《にょくろうど》や御《お》差《さし》がいた。

押小路甫子の慶応二年（一八六六）正月における職名は命婦であるが、それにつづいて名前の出る三人に職名が記載されていないのは、甫子とおなじ命婦なので職名を省いたということのようだ。
昭和五十年（一九七五）七月、伊良子光孝《いらこみつたか》が滋賀県近江八幡市で「孝明天皇と御主治医伊良子光《みつ》順《おさ》」という講演をおこなった直後、孝明天皇は「〇〇ノ御局様」によって毒殺された、と伝えにきた「当市に住む一老婦人」の祖母は命婦だった由だが（本書一三ページ参照）、残念ながらその祖母が右の四人のうちのだれであったかを特定することはできない。

ただし石井孝は前出「Ⅱ　反維新に殉じた孝明天皇」の中でこれらの女官たちに中御門経之《なかみかどつねゆき》の娘良子が典侍として混じっていることに注目し、こう書いている。

これは天皇の側近にスパイを飼っておくようなもので、たしかに大きな疑惑をかけられても仕方がない存在であろう。

堂上公卿《とうしょうくぎょう》の中御門経之は岩倉の五歳年上の義兄であり、その同志でもある。洛北岩倉村の岩倉の蟄居《ちっきょ》先の近くに別荘を持っていたため、ひそかに岩倉と会っては討幕と王政復古につき画策するところがあった。

慶応二年（一八六六）八月三十日、岩倉の意を体した中御門は二十一人の王政復古派公卿とともに御所を訪ねて孝明天皇に拝謁。岩倉ら朝譴《ちょうけん》（朝廷の咎《とが》め）を受けている者たちを宥免《ゆうめん》されたし、目下進行中の第二次長州追討戦を中止されたし、などといった要求を突きつけた。

これに先立つ七月二十日に、十四代将軍徳川家茂は大坂城にて病死。長州藩領をめざした幕府軍は未曽有《みぞう》の惨敗つづきで、天皇と将軍家茂による公武合体路線はすでに崩壊している。それを好機と見た岩倉は中御門に依頼して同志をかき集めさせ、御所へ「列参」させて朝譴を取り消させ、晴れて討幕と王政復古に向けて邁進《まいしん》しようとしたのである。

ところが孝明天皇は鼻っ柱の強い人で、かつての一向一揆《いっこういっき》のように強訴《ごうそ》を企《たくら》む公卿どもは許せんとばかり、中御門たち二十二人に蟄居や閉門を通告。岩倉が宥免されて世に出る機会は、この天皇が存命である限りはあり得なくなってしまった。

ただし朝譴や勅勘《ちょっかん》というものは、法で定められたものではない。天皇の気分次第で通告したり取り消したりできるのだから、天皇が代替わりする事態となればこの罪は雲散霧消し、自分は思い通りに行動できる――岩倉はそう考えて天皇の病んだ痘瘡の推移を眺め、回復と知って置毒を決意した、というのが毒殺説の論理だから、中御門が閉門を命じられているというのにその娘良子が何食わぬ顔で天皇に近侍しつづけていたという事実は、石井孝ならずともあるべからざる事態と見てしかるべきなのだ。

原口清の病死説の登場

しかし、石井孝の毒殺説についての研究は、女官たちの動きを調査する方向には進むことなくおわった。

そのひとつの要因は、平成元年（一九八九）十月、名城大学名誉教授原口清《はらぐちきよし》（一九二二－二〇一六）が『明治維新史学会報』第一五号に「孝明天皇の死因について」（『原口清著作集2　王政復古への道』所収、岩田書院、二〇〇七年）を発表したことにある、と筆者は考えている。これは幕末や昭和二十一年（一九四六）の痘瘡の大流行に際会した医師たちの著述を援用し、孝明天皇の痘瘡による病死を主張する論文であった。

そのため、やはり医学的知見に基づいて毒殺説を支持した石井孝は、ためらわず論争を挑んだのである。

その結果は後述することにして、まずは原口清の病死説のあらましを頭に入れておこう。ただし筆者は「孝明天皇は「病死」したのか」においてこの論文を詳しく紹介し、原口の用いた医学書の内容だけを取ってもその分量は約四ページに及んだ。関心のある向きには今は講談社文庫に収録されている『幕末維新史の定説を斬る』を参照していただくことをお願いし、今回はより短い要約で済ませる。

原口は天皇の病んだ痘瘡を通常型ではなく重症型だったと考え、医学書（戸《と》谷徹造《たにてつぞう》「痘瘡」、松本利貞編『ウイルス病の臨床』所収、医学書院、一九六七年）の記述を引き、重症型三者の特徴を説明しているので、まずこれを要約して示そう。

〔融合性痘瘡〕　顔面、頭部、上下肢に痘疱《とうほう》密生し、化膿《かのう》期には各痘疱は皮下で融合する。致命率七五％。
〔紫斑性《しはんせい》痘瘡または痘瘡性紫斑〕　痘瘡中最も悪性のもので、初期に死亡する。致命率一〇〇％。猩紅熱《しょうこうねつ》ないし麻疹《はしか》様の発疹が全身に出現し、出血し、あたかも金色か緋色《ひいろ》を呈し、発痘は欠く場合もあるが、また数個を認めることもある。

〔出血性膿疱性《のうほうせい》痘瘡または黒痘〕　わが国では古くから黒疱瘡・紫疱瘡と呼ばれて恐れられていたもので、第四病日頃突如として全痘内に出血を起こし、全身の各臓にも出血し、鼻出血・吐血・血痰・子宮出血を来し、多くは第二病週に死亡する。

（傍点は原口）

原口は「御九穴《ごきゅうけつ》より御脱血」という孝明天皇の危篤状態を右の文章で説明できると考え、傍点を打ってみせたのだ。

また原口は右の紫斑性痘瘡を初期出血型痘瘡、出血性膿疱性痘瘡を後期出血型痘瘡と呼ぶ場合があり、両者をまとめて出血型痘瘡と呼ぶ人もいるとして、その特徴を説明した医学書（北村敬《きたむらたかし》「痘瘡と種痘」、甲野礼作・石田名香雄・沼崎義夫編『臨床ウイルス学　講義編』所収、講談社、一九七八年）の記述を引いているので、これも要約しよう。

きわめて重篤で死亡率は一〇〇％に近い。数日以内に眼瞼《がんけん》、歯齦《しぎん》出血、紫斑、血尿、膣出血などを起こして死亡。八〜十日目まで生存する例では、扁平《へんぺい》型の痘瘡形成がみられる。扁平型とは、痘疱は深く、皮膚表面からあまり突出せず、扁平な外観を呈するもので、死亡率九五％以上。

（傍点は原口）

重症型痘瘡がこのように分類されていることを示した原口は、結論を先にいえば、天皇は出血型かつ扁平型の痘瘡を病んで崩御したと主張した。これまでボーリング作業を見物して何も出るわけがないと批評するだけの野次馬に似ていた病死論者の中から、初めて天皇の死因を分析しようとする者があらわれたことは評価できる。

それにしても、この考察はどの程度の出来映えだったのか。お手並拝見とゆく前に、まずは天皇の病状の変化を頭に入れておこう。

「御順症」ではなかったのか?

当時、天然痘患者は死亡しない限り以下の五段階を経て快方に向かうことが知られていた。

①序熱《じょねつ》(熱が出る)
②見点《けんてん》(発疹があらわれる)
③起脹《きちょう》(発疹がふくらむ)
④灌膿《かんのう》(発疹に膿《うみ》が乗る)
⑤収靨《しゅうよう》(膿が引き、かさぶたができる)

典医たちが天皇を痘瘡と治定《じじょう》(断定)したのは②の二日目、十二月十六日のことで、病状は次のように進むと予想された。②は十七日まで、③は十八日から二十日まで、④は二十一日から二十三日まで、⑤は二十四日から二十六日まで。

『孝明天皇紀』第五所収の諸史料によると、天皇は総じて「御順症」に①から③のプロセスをたどり、二十三日の診察では④もおわって、明日から⑤の時期に入ると見えた。並行して天皇は食欲を取りもどし、十八日から二十日までは幼児の離乳食のようなものしか喉《のど》を通らなかったのに、二十二日には唐きび団子や干《ほ》し飯《いい》なども摂《と》れるようになり、二十日まで使われていた「御小茶碗」も普通の茶碗に切り換えられた。

二十四日で湛海権僧正《たんかいごんのそうじょう》の加持祈禱も満願となり、彼に三十両が与えられたのはこのような回復ぶりだったためである（本書二四ページ参照）。

だが、この日酉半刻《とりのはんどき》（午後七時）過ぎに「ほもじ〔干し飯〕御半碗」を摂ったところで天皇の食事の記録は途絶える。その後、下痢と嘔吐《おうと》がつづくなど容態が激変したためで（中山慶子《なかやまよしこ》の父忠能《ただやす》宛、二十五日に届いた書簡。『中山忠能日記』三所収）、二十五日、明日か明後日に天皇御回復と発表しようとしていた典医たちが愕然《がくぜん》としたのはもっともである（『天脈拝診日記』）。

毒殺説論者はこの容態激変を置毒されたためと考えるのだが、原口清は容態が二十四日以前も「御順症」であったはずはないとし、十八日夜、二、三カ所で痘の色が紫色を呈したとする『孝明天皇紀』の記述に注目。これは紫斑性痘瘡ないし出血性膿疱性痘瘡の兆候だ、と断定する。（中村注1―原口の挙げる重症型痘瘡なら全痘から出血するはず）

次に原口は十九日丑刻《うしのこく》（午前二時）に天皇が下血したという同書の記述を痘瘡からの出血とみ

なし、出血型痘瘡であった証拠とする。（中村注2－天皇は時に下血があって脱肛《だっこう》してしまう痔疾《じしつ》を病んでおり、外科医の伊良子光順は手術すべきだとしていた）

おなじく原口は十九日、中山慶子が父忠能に投じた書簡（『中山忠能日記』三）に「御山上之御工合、昨今ちと御宜《およろ》しからず」とあるのを発疹が起脹しないことだと解釈し、扁平型の痘瘡形成を意味するものとする。（中村注3－『孝明天皇紀』は、天皇の痘は十九日朝から起脹してきたと明記しており、慶子のこの書簡は典医からそうと伝えられる前に書かれた確率が高い）

さらに原口は、武家伝奏《ぶけてんそう》を介して公表される典医らの報告書は前記のような重大な兆候がどうなったかに触れようとしない、として何かが秘匿されているかのように匂《にお》わせる。要するに原口は、天皇の容態は決して「御順症」ではなく、実は一直線に悪化して崩御に至った、と主張するのだ。しかし、『天脈拝診日記』の著者伊良子光孝は自身も医師としてカルテを書く立場から、こう解釈している。

十七日始めて御疱瘡と公表し、二十三、四、五の三日間は〔典医たちは報告書を〕提出していない。これは天皇の御症状が安定したから特に書類にせず、唯《ただ》御順症、御回復間近し、と口頭で報告したのであらう。

粗雑な論理、変な証言

症状が快方に向かっているからこそカルテや報告書に書くべきことがなくなったという単純な事実を、原口は病状の悪化が隠されている、とみなして強引に病死説を展開するのである。天皇の食欲が増してゆく過程は先ほど見たが、これについても原口は、

「食物摂取量の多少は、健康状況を知る一つの材料ではあるが、痘瘡の状況の決定的な証拠にはなり得ない」

などと臆面もなく主張した。その一方で、湛海の日記など病死説と相容《あいい》れない史料にはいっさい触れようとしないのだから、「一斑《いっぱん》を見て全豹《ぜんぴょう》を卜《ぼく》す」という成句を思い出させる原口論文の論理構造は、当然、石井孝の批判するところとなった。

これに対して原口氏は、「はじめに悪性痘瘡ありき」という態度である。氏は、痘瘡専門医学者の著書や論文からもっとも悪性な紫斑性痘瘡または出血性膿疱性痘瘡を抽出して、天皇の病状をきわめて強引にこれに当てはめようとする。そこで当然、史料の曲解や無視が行われる。

そのほか氏は、痘色の紫色へ変ったことを、紫斑性痘瘡ないし出血性痘瘡の兆候と独断する。排便の際の下血を、天皇の持病である痔疾によるものではなく、痘瘡による出血とみなす。

つまり、氏には孝明天皇の悪性痘瘡死という予断があって、史料を極度に歪曲《わいきょく》し予断に合

致させるという空しい努力を重ねているということになるわけである。

（いずれも『近代史を視る眼』所収「孝明天皇病死説批判」）

その後、石井孝と原口清は学会誌で論争をはじめたが、この論争は編集部の判断で平成三年（一九九一）一月をもって中止され、その五年後に石井が死去したことにより、そのままになってしまった。

ここに私事を差しはさむと、筆者は東北大学文学部在学中に石井教授の明治維新論を聴講し、幕末維新史に関心を抱きはじめた者のひとりである。

石井教授の原口清批判は総論のみの未完におわったようだから、筆者が各論を書いてさしあげよう。そんな思いで書いたのが「孝明天皇は「病死」したのか」であり、本稿で原口論文を紹介したくだりの（ ）内に付した筆者（中村）の注1から3は、この拙論に書いた原口批判の一部である。だが、この拙論中で論じ忘れたことがひとつあるので、ここで補筆しておきたい。

それは原口論文が坂田吉雄《さかたよしお》（一九〇六―二〇〇〇）の「孝明天皇毒殺説に関して」（京都産業大学法学会編『産大法学』第一四巻第二号、一九八〇年九月）を引用し、こう述べていることについてである。

坂田吉雄氏は、一八九九（明治三十二）年の『史談会速記録』中の山科元行《やましなもとゆき》の談話を紹介している。山科能登守《のとのかみ》元行は典薬寮の医師であったが、天皇が悪質の黒痘瘡で死亡したことを証言している。山科は当時天皇を直接診察できる資格はもっていなかったが、同寮医師の西尾《にしお》や久野《くの》から話を聞いていることは充分に考えられるから、彼の証言を全面否定する必要は毛頭ない。

問題の「談話」とは「明治三十二年三月十四日山科元行君の明治維新の際の実歴談」(『史談会速記録』合本四〇、原書房[復刻]、一九七五年)のことで、たしかに山科は、

「始め二ツ三ツ黒い疱瘡が出て、黒い痘の発生〔す〕るは悪痘に限つて居ります」

と語っている。

しかし、山科は睦仁《むつひと》親王(のちの明治天皇)の典医であり小児科医でもあって、天皇付きの医師団に属してはいない。「黒い疱瘡」も実際に見たわけではないし、これを典医のだれから聞いたのかについては「名を忘れました」と明らかにしていない。しかも山科は岩倉の蟄居先に「其頃《そのころ》も折々行きました」と語っている岩倉派の人物だから、実はあれは毒殺でして、などというわけがない。

要するに山科は色つきの人物であり、しかも「黒い疱瘡」は「二ツ三ツ」。全痘に出血して患部全体が黒く見えたのを確認したわけではないのだから、この回想は病死説の根拠としてよりも、むしろ証拠とするには説得力に欠ける談話として扱うべきであろう。

病死説を支持する学者の増加

筆者は、原口論文を初めて読んだときから、天皇の容態が一直線に悪化したとの証明がなされていない以上これは欠陥論文だと感じ、これでは天皇の病死説を立証したことにはなっていない、と思った。というのに摩訶《まか》不思議なことに、史学界には原口の病死説を支持する者が次第にふえていった。

たとえば佐々木克《ささきすぐる》は毒殺説を肯定する立場から『戊辰戦争』を執筆したにもかかわらず（本書三一ページ参照）、同書の重版分に「一九九〇年九月九日」付の「追記」を加筆し、毒殺説から病死説への転向を表明したほど。

本書の8〜9ページで、私は孝明天皇が薬物で暗殺された、と述べている。しかし最近原口清氏は、暗殺説を否定し、天皇の死因は「紫斑性痘瘡と出血性膿疱性痘瘡の両者をふくめた出血性痘瘡で死亡した」と明確に主張された〔略〕、原口氏の説は説得力があり、私も同意したい。本文の私のかっての記述は、誤りであったことをここでお断わりし、あわせて読者の方がたに、おわび申し上げたい。

あの粗雑な立論が「明確」で「説得力」があるとは！　筆者は呆れて物もいえなかったが、大阪経済大学教授の家近良樹《いえちかよしき》氏に至っては『原口清著作集2　王政復古への道』に、同書に収録された病死説に立つ原口論文を「考証の緻密さでなる原口史学の特色が、最も簡潔に発揮されたもの」と絶賛する「解説」を寄せている。

失礼ながらこの御両人は、原口の主張する紫斑性ないし出血性膿疱性痘瘡の症状と天皇のそれとが微妙に一致していないことを見過ごしているのだ。

筆者が「孝明天皇は「病死」したのか」を書いたのは、このように原口説を無批判に受け売りする学者が増加すると、ねずまさし、田中彰、石井孝らが真相解明に努めた毒殺説が忘れられてしまいかねない、という点を危惧したためであった。上記の毒殺説論者が相次いで世を去ったため、なおも病死説に批判的な立場から発言するのは筆者ひとりになってしまったらしく、令和二年（二〇二〇）一月にはNHKテレビの歴史番組が孝明天皇をとりあげる、として出演を依頼してきたので、ビデオの収録で毒殺説に立つ見解をやや詳しく語ったりした。

病死説への画期的な否定論

すると令和三年（二〇二一）一月中旬、宮城県仙台市在住の橋本博雄《はしもとひろお》氏という未知の方から講談社経由で論文「孝明天皇と痘瘡」（『醫譚』復刊第一一二号、二〇二〇年十二月）の抜刷《ぬきずり》が送られてきた。これは『WiLL』二〇二一年五月号の「歴史の足音」欄（「孝明天皇毒殺説を支持する新研究の登場」）で紹介したので御記憶の方もあろうが、その内容はきわめて画期的なものであった（本書二〇〇〜二〇五ページに収録)。

痘瘡は今日、①出血型(早期型、後期型の二種類あり)、②扁平型、③通常型、④不全型、⑤無疹型の五種類に分類されているが、「薬剤師/医学博士」の肩書を持つ氏から見ると、天皇の病んだ痘瘡は①ではなかった。早期出血型なら五、六日で死亡し、天皇の場合膿疱《のうほう》期まで進んでいるが、このような場合、後期出血型なら痘疹からは出血せず、天皇の症状に合わないからだ。②の扁平型の特徴は、出血は発疹の中以外に起きない点であり、天皇は九穴から出血しているのだからこれでもなく、③に近い、という結論になる。

天皇は悪質な紫斑性痘瘡ないし出血性膿疱性痘瘡によって死亡した、とする原口清の病死説は初めて医学的知識の持ち主から批判され、否定されたのである。そして原口の病死説が否定されたということは、何ら論理を持たずに主張されてきたほかの病死説も共倒れになったことを意味する。しかも③の通常型の痘瘡ならば回復するはずなのに、天皇はにわかに「御九穴より御脱血」して崩御したのだから毒殺された可能性がきわめて高い。

橋本氏は拙論「孝明天皇は「病死」したのか」をお読み下さって上記の研究に着手されたそうだが、橋本氏の研究に刺激を受けて毒殺説に関する研究を再開した筆者は、ついに置毒した女官の名も動機も特定することができた。その女官の名は予想通り、『幕末の宮廷』所収「慶応二年正月女房次第」の中に掲載されていた。

第四章ではこの女官を名指しし、あわせて置毒犯グループの工作ぶりにも言及して結尾とする。

第四章　黒幕と置毒犯の正体は

オピニオン・リーダーに躍り出た岩倉具視

前章末尾では、孝明天皇は悪質な紫斑性《しはんせい》痘瘡ないし出血性膿疱性《のうほうせい》痘瘡によって死亡したとする原口清の病死説が、医学博士橋本博雄氏の論文「孝明天皇と痘瘡」によって否定されたことを紹介した。

橋本博士がこの論文の抜刷を筆者に送って下さったのは、筆者がかつて「孝明天皇は「病死」したのか」を書き、原口の杜撰《ずさん》かつ強引な筆法では天皇が病死したとする説は依然として未証明である、と主張したのを憶えて下さっていたことによる。天皇病死説は「石油はあと二十年しか保《も》たない」とする見解同様、もはや廃棄すべきときであることが、ここに医学的にも支持されるに至ったのである。

かくて病死説がボツとなった以上、検討すべき対象は毒殺説のみ。

「下手人は女官の誰かであろうが、一女官にそんな大それたことができるはずはないので、その背後には当然、黒幕がいたはずである」（『幕末非運の人びと』）

という石井孝の見解には筆者も同意見だが、ここにおいてや事は歴史の研究でありながら、だれが天皇弑逆《しいぎゃく》を謀り、それを受けてだれが置毒に走ったのかを探る、という犯罪捜査の色合いを帯びる。ということは、黒幕とくだんの女官がそろって持っていたであろう犯行動機も究明されねばならない、ということでもある。

そこで黒幕とはだれかという問題から考察しはじめると、佐伯理一郎、ねずまさし、石井孝らはこれを岩倉具視とすることで意見一致し、これに異論を唱えた毒殺説論者はかつていない。筆者も黒幕＝岩倉説でよいと思うので、次に岩倉がなぜ天皇に殺意を抱くに至ったのかを考えてみよう。

そのためには、これまでの岩倉の政治的行動を俯瞰《ふかん》しておく必要がある。

かれが初めて存在感を示したのは、安政五年（一八五八）二月、老中堀田正睦《ほったまさよし》が上京し、アメリカとの通商条約の調印について勅許《ちょっきょ》を求めたときのこと。朝議の結果まとめられた勅答案《ちょくとう》に、調印は関東（幕府）に委任する、とあると知って岩倉は愕然《がくぜん》。これは関白九条尚忠《くじょうひさただ》と武家伝奏《ぶけてんそう》の東坊城聡長《ひがしぼうじょうときなが》が堀田から賄賂《わいろ》を受けて変節したのだと信じ、激派公卿《くぎょう》の代表格大原重徳《おおはらしげとみ》と密談した結果、堀田に随行している勘定奉行川路聖謨《かわじとしあきら》と開国派の幕臣岩瀬忠震《いわせただなり》とを匕首《あいくち》で刺す計画を練り上げた（『岩倉公実記』上巻、多田好問編、原書房［復刻］、一九六八年）。岩倉具視最初の殺人計画である。

この計画は三月十一日、勅答の内容はまだ決まっていないと知って中止されたものの、勅答改作を望んで止《や》まない中山忠能《なかやまただやす》、正親町三条実愛《おおぎまちさんじょうさねなる》、大原重徳、岩倉らはその夜、議奏《ぎそう》の久我建通《こがたけみち》邸に集合。岩倉の提案により、翌十二日には同志八十八人が袖をつらねて参内《さんだい》し、左大臣近衛忠熙《このえただひろ》に面会して勅答改作を申し入れた。公卿の家は百三十七家。そのうち八十八家が列参に加わったとは、公卿たちの異人への嫌悪感を示してあまりある。しかし、列参とは一種の強訴《ごうそ》にほかならない。

岩倉らの主張は、

「米国ノ処置ハ関東ニ委任スベカラザルノ事」(同)

の一点にあり、朝議の優柔不断を感じ取った岩倉は、列参の二日後には女官今城重子《いまきしげこ》(少将内侍)を介し、天皇に「神州万歳策《しんしゅうばんざいさく》」と題する長文の時務策を届けるという行動にも及んだ。これはアメリカとの通商和親を不可とし、富国強兵策を採るべし、とするよくある主張に過ぎなかった。とはいえ、天皇が最終的にはこの条約に勅許を与えるのを拒んだことにより、醜貌と矮軀《わいく》からかつて「岩吉」と呼ばれていたわずか百五十石取りの貧乏公卿岩倉は、一躍オピニオン・リーダーとして世に知られるようになったのだ。

起死回生のための第二の列参

次に岩倉が大きく動いたのは、朝廷と幕府の間に生じた亀裂を修復すべく、公武合体論が盛んになったときのこと。

その具体策として十四代将軍徳川家茂《とくがわいえもち》への天皇の妹の皇女和宮《かずのみや》の降嫁が検討されだすと、岩倉は天皇との間に皇女ふたり(ともに夭折《ようせつ》)をもうけたこともある実の妹の衛門内侍《えもんのないし》こと堀河紀子《ほりかわもとこ》とともに降嫁に尽力。文久元年（一八六一）十月、和宮の東下に同行して江戸におもむいた際には、将軍家茂から天皇に対して二心なしとの自筆の誓書を入れさせることに成功した。

将軍が天皇に誓書を入れるとは家康《いえやす》以来なかったことなので、天皇が喜色満面となったのはいうまでもない。文久二年（一八六二）二月十一日、天皇は帰京した岩倉を御所の御小座敷《おこざしき》に召して謁見を許し、

「老中ト十分談判、程能相調《ほどよくあいととのえ》、勲功之段《くんこうのだん》感悦ス」（『岩倉公実記』上巻）

という主旨の勅語《ちょくご》を与えさえした。岩倉の得意や思うべし。

ところが、人は織田信長《おだのぶなが》のように高転びに転ぶことがある。岩倉は幕府の監察機関である京都所司代にも出入りしたため、京に集まりつつある尊攘激派から幕府側に寝返ったものとみなされ、命を狙われるに至った。

朝臣たちにも尊攘激派は珍しくなかったから、岩倉の動きは天皇も知るところとなり、同年八月二十日、岩倉邸には議奏（勅語を伝える役人）たちがあらわれて左のように伝えた。

　思召《おぼしめし》有るに依《よ》り蟄居《ちっきょ》仰せ下され候事
　辞官落飾《じかんらくしょく》願わるべく候事
（同、読み下しは中村）

岩倉は勅勘《ちょっかん》をこうむり、左近衛権中将《さこんえのごんのちゅうじょう》の官職を辞して出家させられる破目になったのだ。

さらに九月二十七日、岩倉は洛中に住むことも禁じられ、翌月には洛北岩倉村の六畳、四畳半、三畳の三部屋しかない廃屋同前の家に引き移った。三十八歳の岩倉は、近くを流れる小川で釣った魚を副食とする世捨て人同然の境遇に甘んじて生きてゆかざるを得なくなったのである。

なお和宮降嫁に尽力した岩倉らの公卿四人と女官ふたり（堀河紀子、今城重子）は「四奸《しかん》二嬪《にひん》」と総称されて尊攘激派に睨《にら》まれ、この女官ふたりも文久二年（一八六二）七月中に辞官・出家を命じられて、紀子は九月以降、洛北大原野村に蟄居したあと鹿ケ谷《ししがたに》の霊鑑寺《れいかんじ》の庵主《あんじゅ》となった。

岩倉具視・堀河紀子兄妹の実家の当主堀河親賀《ほりかわちかよし》・康隆《やすたか》父子も、兄妹の勅勘に連座して差控《さしひかえ》を命じられていたが、慶応元年（一八六五）閏《うるう》五月十日、恩命が下って右の父子は近習《きんじゅう》の職に復帰。やはり差控を命じられていた二十五歳の岩倉具綱《いわくらともつな》（具視の養子。列参に参加）も近習に加えられた。その五日後には、児《ちご》を休職していた十五歳の岩倉具定《ともさだ》（具視の第三子）も大典侍《おおてんじ》中山績子《なかやまいさこ》の書簡によって再勤を許すと伝えられた。

その頃、岩倉の廃屋同然の蟄居先には、岩倉に信服する者が時事を論じるために出入りするようになっていた。水戸藩士小林彦次郎《こばやしひこじろう》（のちの香川敬三《かがわけいぞう》）、土佐藩士橋本鉄猪《はしもとてつい》（のちの大橋慎三《おおはししんぞう》）、薩摩の神官井上石見《いのうえいわみ》など。岩倉は薩摩藩の実力を高く評価していたため、井上石見を介して時事論「叢《そう》裡鳴虫《りめいちゅう》」正続などを在京の薩摩藩家老小松帯刀《こまつたてわき》や同藩の大久保一蔵《おおくぼいちぞう》（利通）にわたし、意見を求めた。

そして、すでに討幕のための薩長秘密同盟が結ばれていた慶応二年（一八六六）六月、岩倉は大胆にも、自分に勅勘を与えた本人孝明天皇に国事意見書を送った。「済時策密奏書《さいじさくみっそうしょ》」（『岩倉具視関係文書』一、日本史籍協会編、東京大学出版会〔復刻〕、一九八三年）では、初めて王政復古を主張。つづけて「天下一新策密奏書」（同）では、徳川家に大政奉還をうながすよう建議してみせたのだ。

しかし、筆者がいま注目したいのは先見性にあふれたこれら国事意見書の内容ではなく、早く岩倉村における謹慎生活を切り上げて天下一新のために活動を開始せねば、と焦った岩倉の考え出した手法である。それがすでに将軍家茂が病死していた同年八月三十日、孝明天皇に対しておこなわれた二度目の列参。公卿二十二人の参加したこの列参が、岩倉の意を体した義兄中御門経之《なかみかどつねゆき》によって仕組まれたことには第三章（四六ページ）で触れたが、かれらが天皇に要求した三カ条をより詳しく見ると左のようになる。

一、諸藩を直接召して国事につき意見を聞くこと。
一、幽閉〔蟄居、閉門、差控など〕の勅勘をこうむっている輩を免罪とすること。
一、幕府軍による長州追討戦に解兵の沙汰を下すこと。

（『孝明天皇紀』第五より意訳）

岩倉は安政五年（一八五三）三月十二日に断行した八十八人による列参の成功体験に鑑《かんが》み、気心の知れている中御門らに二度目の列参をおこなわせようと考えたに違いない。要求の第二条、勅勘を受けた者を免罪とするとの一件を天皇が呑みさえすれば、岩倉は青天白日《せいてんはくじつ》の身となって京都政界に復帰することができる。

ところが天皇は強気なことに、これら二十二人に対して逆襲を加えた。十月二十七日、「結党上言せし不敬」を罰するとして左のように通告したのである（同）。

中御門経之、大原重徳は閉門。岩倉具綱・具定をふくむ他の者たちは差控。正親町三条実愛は列参に加わってはいないが、二十二人を助ける動きがあったため遠慮閉門。山階宮晃《やましなのみやあきら》親王もこれに関与したため国事御用掛《こくじごようがかり》を免じ、蟄居を命ず。

岩倉具視はすでに四年前から辞官・蟄居・落飾・洛中居住禁止の勅勘をこうむっているため、今回は追罰を受けることなくおわった。しかし、今度の列参には具綱・具定という親族や義兄中御門経之が加わっていることからも、背後で岩倉が動いていたことは明々白々。もはやかれが勅勘を免じられることなどは、あり得なくなった。二度目の列参は岩倉の思惑に反して自分の首を絞め、将来にわたって政治生命を失う事態を招き寄せてしまったのだ。

才子《さいし》才に倒れるとはこのことだが、この最悪の状況からいかにして脱出するか。岩倉は苦悩し、勅勘という罪の性格についてもよくよく熟考したことであろう。そこから岩倉は次のように結論づけた、と筆者は考える。

勅勘とは天下の御定法《ごじょうほう》を犯したという意味ではなく、天皇の逆鱗に触れたというだけのこと。天皇が代替わりすれば怒った主体がいなくなるわけだから、勅勘という罪はおのずと消滅し、ことによっては恩赦がおこなわれるかも知れない。そうだ、天皇が代替わりする事態を作り出すことができさえすれば、自分は天下一新のために再度活躍の場を得ることができるのだ！

検事調書ではないが、岩倉がこのような思案の果てに暗い決意を固めた、と想定するならば、岩倉は天皇弑逆につき充分な犯行動機を持っていたことになる。

ただし岩倉自身は岩倉村から動けないので、計画を実行するには人の手を借りねばならない。そして最終的には御所の内部にいる者に動いてもらわねばならない。幸い、内廷のことを統括する大典侍中山績子は具定が児《ちご》として再出仕するよう計らってくれるなど、岩倉家に好意的だから、まずは御所の外のだれかから大典侍に連絡をつけてもらうのが早道だろう。

筆者が岩倉はそう頭を巡らしたと思うのは、中山績子は具定が初めて児として出仕した際、部屋親（児の世話役）になってくれた者でもあったからだ（『岩倉公実記』上巻）。

そこで岩倉が中山績子への連絡役を頼んだのが、霊鑑寺の庵主となっていた堀河紀子。紀子は内廷へ出仕していた間は何かと績子の指導を仰ぐ立場にあり、ふたりはともに天皇の酒の相手をしたこともある間柄であった。一説によれば、紀子は皇女ふたりを産んだのに育たなかったため妃となれなかったばかりか、辞官・出家を命じられたことを深く恨んでいたという。

この説の当否を詳しく分析している暇《いとま》はないが、紀子がのちに佐伯理一郎に対し、岩倉が自分を使って天皇に一服盛らせたという意味合いの証言をしたのであれば、岩倉の天皇弑逆と自身の復権の願いは献毒という手法を採れという指示となって紀子に伝えられ、それが旧知の中山績子へ依頼された、というプロセスを想定することができる。

話をあまり小説風にしたくはないので、紀子についてこれ以上の筆は慎むが、妃になれずに内廷を追われた怨恨感情は、紀子を天皇弑逆犯のひとりとみなすならば充分に犯行動機たり得るといえよう。

中山家の公武双方への怨念

では、天皇への献毒を最終目的として岩倉具視―堀河紀子―中山績子というラインが形成されたとすれば、それはいつ頃のことだったのか。

典医たちが天皇の発熱と吹出物の発生を疱瘡と診断、発表したのは慶応二年（一八六六）十二月十七日のこと（『孝明天皇紀』第五）。岩倉は中御門経之が急報したのか同日中にそうと知り、具定に命じて書面を績子に送らせ、容態を問い合わせている。容態は順調だが典医たちは深く心配している、と績子が素直に答えているところから（『岩倉公実記』上巻）、績子が岩倉からの不意の来信に驚いた気配は感じられない。そこから案ずるに、岩倉―紀子―績子というラインはこれ以前にすでに形成されていたのであろう。

女官のトップである大典侍中山績子の名がにわかにあらわれたことに首をかしげる向きもあろうかと思われるので、ここからしばらく筆者が、岩倉の依頼を受けて天皇に置毒したのはこの七十二歳の老女であったと考えるに至ったゆえんを述べる。

Ⅰ　根拠の第一は、中山家は四代前の権大納言《ごんのだいなごん》愛親《なるちか》の代から幕府に恨みをふくんでおり、その娘績子は愛親の思いを「頗《すこぶ》ル厚ク」身につけた存在であったことだ（『中山績子日記』「緒言」、日本史籍協会、一九一七年）。

幕府と愛親の対立については『WiLL』二〇二二年二月号の「歴史の足音」欄「幕末への出発点「尊号一件」と松平定信」）を参照していただきたいが（本書一六八～一七一ページに収録）、事は孝明天皇より二代前の光格《こうかく》天皇が、実父閑院宮典仁親王《かんいんのみやすけひと》に太上《だいじょう》天皇の尊号を宣下《せんげ》したい、と考えたことにはじまる。その内意を知った老中首座松平定信《まつだいらさだのぶ》は、皇位についたことのない者への尊号宣下は不可、と回答。いや、そういう前例もある、と反論した愛親とその同志の公卿四人の処罰に踏み切った。愛親は御役御免の上、閉門五十日。かれはその後も厳しく監視され、隠居同然の身に追いやられた。

この強引な処分が績子や愛親の曽孫中山忠能の胸に討幕思想を芽吹かせる一方、どこまでも公武合体論路線を歩もうとする孝明天皇に対する強い反撥心をも生じさせたのである。

Ⅱ　中山忠能が公卿八十八人の列参に率先参加して条約締結に反対したのもそのためであり、その後新設の国事御用掛に任じられて朝議に与《あずか》った忠能は、元治《げんじ》元年（一八六四）七月、長州藩士が大挙して禁門の変を起こす前夜には長州藩を支持してあれこれ画策。その策には、長州藩家老を参内させたい、という建白事項までふくまれていた。

そのため禁門の変が公武合体派諸藩の勝利と決した後の七月二十七日、忠能は不審の儀あらせられるにつき参内停止、他人との面会無用、と通達されてしまった（『中山忠能日記』二、日本史籍協

会編、東京大学出版会［復刻］、一九七三年）。

これを知って績子の怒りは、より強く天皇にも向けられはじめたのではあるまいか。忠能の娘慶《よし》子《こ》は、績子が推挙したためか、天皇の寝所に侍って睦仁《むつひと》親王（のちの明治天皇）を産んでいる。というのにわが父愛親につづき、親王の外祖父となった忠能まで罪に問われるとは、と績子が無念に思ったとしても不思議ではない。忠能のせがれ忠光《ただみつ》が大和五条で天誅組《てんちゅうぐみ》の変を起こして以来、行方を絶っていることも、その一因になっていたに違いない。なお中山忠光については『ＷｉＬＬ』二〇一七年十一月号の「歴史の足音」欄（「「天誅組」を「天忠組」とする欺瞞」）を参照していただきたい（本書一八四〜一八七ページに収録）。

Ⅲ　中山忠能は「正心誠意《せいしんせいい》」と題した日記（『中山忠能日記』）を長年書きつづけていた。この日記には天皇に対する不満も綴《つづ》られ、天皇と尊王攘夷派から討幕・王政復古派へと成長しつつある公卿たちとが次第に同床異夢となってゆく過程が読み取れて興味は尽きない。

対して績子も『中山績子日記』を長く書きつづけており、その起筆は安政三年（一八五六）元日、擱筆《かくひつ》は明治七年（一八七四）十二月五日である。

しかし、この日記には問題がいくつかある。第一の問題点は元治元年（一八六四）の項が元日から八月末日まで欠落しており、同年七月十九日に勃発した禁門の変に対する天皇及び女官たちの反応や行動にまったく言及されていないことだ。当然この日記には績子から見れば兄の孫に当たる中山忠能への勅勘も記録されていないが、ほかの部分に興味深い記述がなくもない。

そのひとつは文久二年（一八六二）正月二十二日、二十五日の項に績子が「大すけ〔大典侍〕」として霊鑑寺へ金二両、御菓子料二百疋《ぴき》（二貫文）を送った、などとあること。大典侍は堀河紀子の入山前から、朝廷と霊鑑寺との連絡を職務のひとつとしていたのだ。こういう職務は岩倉も承知していたはず。そう考えれば岩倉―霊鑑寺の堀河紀子―中山績子を結ぶラインが、より鮮明に浮かび上がるのである。

置毒犯の名は中山績子

Ⅳ　『中山績子日記』のより重大な問題点は、慶応二年（一八六六）分の記述が元日から十二月十一日まででおわり、次に同三年十一月七日へと飛んでしまっていることである。

すなわち績子は大典侍という内廷の最高職にありながら、典医たちが慶応二年十二月十七日に天皇の病気は疱瘡と発表したこと、その後、病の峠を越して食欲も増した天皇が二十四日夜にわかに病状悪化、「御九穴《ごきゅうけつ》より御脱血」という異様な症状を呈して二十五日に崩御したことなどを、なぜか一切記述しなかったのだ。いや、「記述しなかった」のではなく一度は日記に書いたものの、後に大幅に削除した、と考えるべきかも知れない。

Ⅲで述べたこの日記の禁門の変前後の記述の欠落は、績子が忠能同様勅勘をこうむってはたまらないと考え、長州藩とひそかに連絡し合っていたことを秘匿するための操作であろう。すると天皇崩御前後の記事の欠落は、こう考えられる。これは天皇がにわかに急性砒素《ひそ》中毒の症状を呈して息絶えた事実と自分との関わりを秘匿するための操作ではなかったか、と。

そうであったならば、績子自身が天皇への置毒に深く関与したことを自白したようなものだが、これではまだ、績子自身の手によって薬湯に砒素が投じられた、と即断することはできない。そこでもう一度、典医たちの調合した薬が天皇の口に入るまでの流れを確認しておこう。

Ⅴ　第一章（一四ページ）で見たように伊良子光孝《いらこみつたか》は、薬は典医から高級女官→命婦《みょうぶ》→下級女官とわたされて煎じられ、下級女官→命婦→高級女官とわたされて天皇に届けられる、と『天脈拝診日記』に書いていた。しかし、命婦は薬湯を高級女官にわたす前に毒味をする（『皇室事典』。本書四五ページ参照）。とすると、命婦に異変を察知されることなく薬湯に砒素を振りかけられるのは、高級女官だけとなる。

『幕末の宮廷』によると、典侍、掌侍以上の高級女官は当時十一人いた（本書四三〜四四ページ参照）。はたしてその十一人の中から、あるひとりをこの者こそ置毒犯と名指しすることは可能なのであろうか。筆者は可能だと判断するので、いよいよ置毒犯探しに取りかかろう。

Ⅵ　ふたたび『皇室事典』によると、「天皇の服、膳、湯などの奉仕」は典侍・権典侍の仕事であった。当時、典侍は六人おり、この六人をふくむ女官たち十八人のトップが大典侍中山績子。

一方、『中山績子日記』を読むと、績子は天皇に「朝かれゐ〔ひ〕〔朝餉〕」の膳を差し上げることもあれば、夜には酒好きな天皇の酒の相手をすることもよくあった。安政四年（一八五七）七月十一日の項に、夜になって酒が盃《さかずき》に七献まで差され、五献目を「大すけ〔大典侍＝績子〕」が盃洗してから受けると、「天しゃく〔天酌＝天皇の酌〕」があったと記していることなどは、天皇と績子との古く長い近しさを示してあまりある。

Ⅶ　すなわち発病後の天皇に食事や薬湯を献じていたのは績子自身であったと見られるので、砒素入りの薬湯を与えたのも績子であったと考えられる。天皇は長らく盃のやりとりまでしてきた績子に一服盛られるとはゆめにも思わず、その薬湯を飲んでしまったに違いない。

自身が天皇に薬湯を飲ませたという記述を、績子が日記から削除したのは理の当然であろう。

崩御後に姿を消した女

大典侍中山績子を置毒犯と名指しする天皇毒殺説はこれが初めてだと思うので、さらに論拠を提示する。

Ⅷ　中山忠能は前述のように参内を停止されていたため、天皇発病後、その容態については内廷に詰めている慶子が毎日送ってくる書面でしか知る方法がなく、その書面を日記に記入しつづけていった（『中山忠能日記』三）。

慶子からの慶応二年（一八六六）十二月二十四日の来状によると、天皇は「御順道御肥立《おひだち》の由」であったが、二十六日早朝の来状によると、昨二十五日夜容態急変、「戌剋《いぬのこく》〔午後八時〕過頃《すぎ》」事切れてしまわれた、とのこと。

大いに驚きながらも勅勘を免じられることを期待しはじめた忠能に、十二月二十九日、慶子からまたひそかに連絡があった。その一節には、臨終間際の天皇の声と績子の反応を伝えるくだりがあった。

去《さる》廿四、五日頃ハ何ノ仰《おおせ》も不被為在《あらせられず》、両三度大典侍《おおすけ》〳〵〔と〕被召候《めされ》へども其折《そのおり》ニ御側《おそば》ニ不被居《おられず》只々《ただただ》々々ト当惑計《ばかり》被致居《いたしおられ》、〔以下略〕（読点と振り仮名は中村）

二十四日夜から翌日午後八時過ぎまで天皇は発声も困難な状態に陥っており、その間に声として出したのは「大典侍〳〵」ということばだけだったというのだ。それにしても天皇は、急性砒素中毒の症状に苦悶しながらなぜ績子を呼んだのか。筆者には、

「大典侍、薬湯に何を入れたのや」

と詰問しようとしたのであろう、としか思えない。

Ⅸ　一方の績子の反応も、置毒に関与していないのであれば奇怪きわまる。大典侍は天皇が御座所から別のところへ移徙《わたまし》するとき、あるいは皇位を新帝にゆずるときにおこなわれる剣璽《けんじ》（草薙《くさなぎの》剣《つるぎ》と八尺瓊曲玉《やさかにのまがたま》）渡御《とぎょ》の際にこれを捧持すべき責任者でもあるのだから、このように事態が切迫しているというのに玉座近くにある剣璽をほうっておいて姿を消し、天皇が苦しい息の下から呼んでも出て来なかったというのは、二重の意味で考えられないことなのである。

筆者は、績子の不可解な動きを周章狼狽《しゅうしょうろうばい》した結果だと見る。かつて績子は夜になってから御所

から外出しようとし、老眼で足元がよく見えない哀しさ、工事途中の場所で転んで負傷するや、出血に気づいて気絶してしまったことがあった。そんな績子であってみれば、自分が置毒した結果として天皇が「御九穴より御脱血」という異様な事態を迎えつつあることを周辺から目撃するや震え上がり、職務など忘れて自分の局《つぼね》あたりに雲隠れしてしまったのではあるまいか。

とすると『天脈拝診日記』において毒殺犯とされた「○○ノ御局様」とは堀河の局すなわち堀河紀子ではなく、中山の局と呼ばれることもあったであろう中山績子を指していたことになる。

以上ⅠからⅨとした論拠によって、筆者は孝明天皇の死因については毒殺説を支持し、岩倉具視・堀河紀子と組んで置毒犯となったのは中山績子であった、という新説をここに提唱するものである。

それにしても、天皇崩御と知った岩倉はどう反応したのか。二十六日付、坂木静衛《さかきしずえ》宛書簡（『岩倉具視関係文書』三、日本史籍協会編、東京大学出版会〔復刻〕、一九八三年）には、

「臣進退爰《ここ》に極《きわま》り血泣鳴号《けっきゅうめいごう》、無量の極《きわみ》に至れり」

「一世の果《はて》爰に止《とどま》り〔略〕、真に樵夫《しょうふ》に決し申候《もうし》〔もはやこの地で樵《きこり》として生きてゆくしかない〕」

などとあり、深い哀悼の意が表明されているかに見える。だが、石井孝は右の文章をこう批評した。

しかし、和宮降嫁問題には天皇の近臣として信任をこうむった岩倉が、数年後には薩摩藩の

動きに応じて「列参」という形で天皇への反逆を組織するほどの変幻自在ぶりを示していることからすれば、このような彼の言葉をそのまま信じるのは、あまりに甘すぎるであろう。むしろ極端な哀悼の言葉は、真相の隠蔽工作として、逆さに読んだほうがよいという気さえする。

（『幕末非運の人びと』）

筆者は岩倉が、これでやっと勅勘も解かれる、という喜びを噛み殺しながら上辺《うわべ》だけで哀悼の意を表しているように思うので、右の指摘を肯定的に読んだ。するとにわかに、十二月二十七日に書かれた中御門経之発、岩倉宛の書簡（『岩倉具視関係文書』三）が意味深長に見えてくる。

皇統一系、神孫の義、譬《たと》え幾主相変り候とも皇国のおため忠を尽くし候義もちろんの儀、殊《こと》に今度新主〔新天皇〕正儀を以《もっ》て補佐〔することが〕一大事の場合と存じ候。ここにて御一新御政事相立ち候わば皇国の幸せ甚だこれに過ぎずと存じ候。

（読み下しと句読点は中村）

天皇の崩御からわずか二日後のことだというのに、「幾主相変り候とも」「忠を尽くし」、「御一新」が成功すれば「皇国の幸せ」だ、と露骨に割り切っているのは、異様にすら感じられる。あるいは中御門も、天皇弑逆計画に加担していたのかも知れない。中御門はおなじ岩倉宛書簡の中で、

「早々一同幽閉を免じられ、中山卿と申し合わせて万事周旋」したいものだなどと、すでに自分たちが政権を掌握したかのような抱負まで語っている。

岩倉グループのその後

その後の岩倉たちの動きを、『岩倉公実記』中巻（多田好問編、原書房［復刻］、一九六八年）から略年表風に書き出してみよう。

慶応三年（一八六七）一月十五日、九条円真《くじょうえんしん》（尚忠《ひさただ》、元関白）ら十三人、幽閉免除。
同月二十五日、中山忠能ほか九人、幽閉免除。
同月二十九日、列参二十二人と晃親王らも幽閉免除。
三月二十九日、岩倉に月に一度の帰宅許可。
十月、岩倉は中山忠能、正親町三条実愛、中御門経之の三人と討幕の手順を協議。
同月十四日、上記三人連署の討幕の密勅、薩長両藩にわたされる。
十二月九日、岩倉、蟄居を免じられ還俗《げんぞく》、参朝の宣旨《せんじ》を拝す。
同日、朝廷は王政復古を宣言。
同月二十七日、岩倉、新政府の議定《ぎじょう》職を拝命。

孝明天皇の崩御直後から、岩倉と結んだ討幕派・王政復古派公卿の復権がめざましくなり、ついに岩倉は新政府の実質上のトップ輔相《ほしょう》に成り上がった。

長州藩奇兵隊《きへいたい》の出身、西南戦争後、陸軍中将となった三浦梧楼《みうらごろう》が、

「忌憚《きたん》なく申せば、先帝の御在世が続いたならば、御維新は出来なかつた」（『観樹将軍回顧録《かんじゅしょうぐんかいころく》』政教社、一九二五年）

と率直に回想したのは、三浦が明治天皇の勅許もなく討幕の密勅や錦旗《きんき》を偽造した岩倉グループに胡散《うさん》臭さを感じていたためであろう。しかし、孝明天皇毒殺については女官たちがひそひそ話をしたものの、特に置毒犯についてはついに何も調査されないまま今日を迎えたわけである。

岩倉と気脈を通じていた女官ふたりも、明治維新となるや復権を遂げた。太秦《うずまさ》村に閉居謹慎し、出家させられていた今城重子は少将内侍の職にもどり、明治三十四年（一九〇一）、七十四歳にて没。堀河紀子も寺を出ることを許され、掌侍隠居として内廷に復帰し、京に余生を送ってやはり七十四歳まで生きた。

問題の中山績子は、明治元年（一八六八）のうちに正三位《しょうさんみ》を授けられた。同二年（一八六九）に明治天皇が東京へ移ったあとも京都御所にあって「西京三位」と呼ばれ、同八年（一八七五）、八十二歳で没したと『中山績子日記』の「中山績子略譜」にある。

明治天皇が女官トップの績子を東京へ呼ばなかったのは、また一服盛られてはたまらないと思ったからではないか、というのは今考えたブラック・ジョークである。

参考文献

『維新史』第四巻、維新史料編纂会編、吉川弘文館［復刻］、一九八三年
『岩倉公実記』上巻・中巻、多田好問編、原書房［復刻］、一九六八年
『岩倉具視関係文書』一・三、日本史籍協会編、東京大学出版会［復刻］、一九八三年
『孝明天皇紀』第五、宮内省先帝御事蹟取調掛編、平安神宮［新装再刊］、一九六九年
『中山績子日記』日本史籍協会編、一九一七年
『中山忠能日記』二・三・四、日本史籍協会編、東京大学出版会［復刻］、一九七三年
「明治三十二年三月十四日山科元行君の明治維新の際の実歴談」（『史談会速記録』合本四〇、原書房［復刻］、一九七五年）

＊

明田鉄男「孝明天皇怪死事件――病死・毒殺説の周辺」（『人物探訪日本の歴史20　日本史の謎』暁教育図書、一九八四年）
アーネスト・サトウ『一外交官の見た明治維新』上下、坂田精一訳、岩波文庫、一九六〇年
家近良樹「解説」（『原口清著作集2　王政復古への道』岩田書院、二〇〇七年）
石井孝『幕末非運の人びと』有隣堂、一九七九年
石井孝『近代史を視る眼――開国から現代まで』吉川弘文館、一九九六年
伊良子光孝『天脈拝診日記』（『滋賀県医師会報』一九七五年九月号～七七年六月号）
大久保利謙『岩倉具視』中公新書、一九七三年
加藤徹『西太后』中公新書、二〇一一年、第九版（初版は二〇〇五年）

皇室事典編集委員会編著『皇室事典』角川学芸出版、二〇〇九年
小西四郎『日本の歴史19 開国と攘夷』中央公論社、一九六六年
坂田吉雄「孝明天皇毒殺説に関して」（京都産業大学法学会編『産大法学』第一四巻第二号、一九八〇年九月）
佐々木克『戊辰戦争』中公新書、二〇一三年、第三三版（初版は一九七七年）
田中彰『明治維新の敗者と勝者』NHKブックス、一九八〇年
永井路子『岩倉具視——言葉の皮を剝きながら』文藝春秋、二〇〇八年
中野操「佐伯先生の事ども」（『日本医事新報』第一五二二号、一九五三年六月二十七日）
中村彰彦『幕末維新史の定説を斬る』講談社、二〇一一年（講談社文庫、二〇一五年）
奈良本辰也監修『幕末維新人名事典』学芸書林、一九七八年
ねずまさし「孝明天皇は病死か毒殺か」（『歴史学研究』第一七三号、一九五四年七月）
ねずまさし『天皇家の歴史』下、三一書房、一九七三年
羽倉敬尚「解説」（下橋敬長『幕末の宮廷』平凡社東洋文庫、一九七九年）
橋本博雄「孝明天皇と痘瘡」（『醫譚』復刊第一一二号、二〇二〇年十二月）
原口清「孝明天皇の死因について」（『明治維新史学会報』第一五号、一九八九年十月。『原口清著作集2 王政復古への道』岩田書院、二〇〇七年に収録）
三浦梧楼『観樹将軍回顧録』政教社、一九二五年
森谷秀亮「解題」（『岩倉具視関係文書』八、日本史籍協会編、東京大学出版会［復刻］、一九八三年）
山崎幹夫『毒の話』中公新書、一九八五年
吉田常吉「孝明天皇崩御をめぐっての疑惑」（『日本歴史』第一六号、一九四九年五月。「孝明天皇毒殺説」と改題し、『幕末乱世の群像』吉川弘文館、一九九六年に収録）

II

江戸に生まれ明治を生きる

藩校エリートが幕末を動かした

小学校から大学院レベルまで一貫教育

「徳川三百藩」という表現があるが、幕末に存在した大名家の数は二百七十藩である。小藩である信州高遠《たかとお》藩三万三千石の内藤家でも藩校進徳館《しんとくかん》を開設していたように、総じて諸藩は、規模の大小にかかわらず藩士子弟の教育に熱心であった。

日本が二百七十の小国家に分かれ、かつ産物を将軍家に献上する習慣があったことは、各地に名産品が育つきっかけとなった。それと同様に諸藩が藩校を置くのに熱心だったことは、武士階級の知的レベルの向上に大いに役立った。

藩ごとに学齢や制度上の差異はあるが、およその藩の子弟たちは数え五、六歳から私塾に通って初歩の読み書きを学習。九歳か十歳で藩校に入学し、四書《ししょ》(『大学《だいがく》』『中庸《ちゅうよう》』『論語《ろんご》』『孟子《もうし》』)五経《ごきょう》(『易経《えききょう》』『詩経《しきょう》』『書経《しょきょう》』『礼記《らいき》』『春秋《しゅんじゅう》』)など藩校所有の漢籍を教科書として、易しい部分の素読《そどく》から勉強をはじめた。むろんこれは、

「読書百遍、義自《ぎおの》ずから見《あらわ》る」(『魏志《ぎし》』)
と信じられていたからである。ちなみに女の子は、
「男女七歳《しちさい》にして席を同じゅうせず」(『礼記』)
の教えに従い、藩校に通学することなく七歳以降は『百人一首』『古今和歌集』や平仮名の習字の勉強をはじめた。和魂漢才ということばに従えば、武士階級の女子は和魂を、男子は漢才を身につけることが求められたのだ。

また、今日の教育制度に比較して興味深いのは、ほぼすべての藩校が今日の小学校レベルから大学院レベルまでの一貫教育をおこなっていたことだ。たとえば庄内藩酒井家の藩校致道館《ちどうかん》は、士分の者の子弟の希望者と給人《きゅうにん》(士分以下)クラスから選別された者とを入学させるシステムであり、生徒総数は三百数十名と今日の県立高校とほぼ同じであった。学年を重視せず学力本位で進級させたので、次のステップにゆけない者もいれば飛び級を重ねる者もいた。

その五段階についてはかつて書いたことがあるので、これを引用しよう。

句読所《くとうしょ》(小学校) 八時始業、十二時から十三時休息、十四時退校。『孝経《こうきょう》』『論語』『詩経』『書経』などの素読(句読)を句読師について学ぶ。
終日詰《しゅうじつづめ》(中学校) 八時始業、十六時終業、十七時まで自学自習。助教の会読か自習によって四書五経のほか『史記《しき》』その他の史書を学び、詩文も作る。

外舎《がいしゃ》（高校）　八時始業、昼食は会食、十六時以降は武芸の稽古。会読、読書、詩文を三つの柱とした。

試舎生《ししゃせい》（大学の教養課程）　外舎生のうち、学業抜群、格別精勤、人品篤実、詩文上達のいずれかの条件を満たす者に入学を命じる。

舎生《しゃせい》（大学の学部ないし大学院）　真に藩の柱石たるべき人物の育成をめざす。

（『全国藩校紀行――日本人の精神の原点を訪ねて』ＰＨＰ文庫）

からだが出来てくる十四、五歳から弓馬刀槍《きゅうばとうそう》などの武芸も修めねばならなかったこと、そして卒業生は確実に藩士として採用され、何か職務を与えられることなどが、現代との際立った違いである。

藩外交を担った留学経験者たち

また武芸の方面では、昔から廻国《かいこく》修業を重視したためか、一芸に秀でた者は自分の属する藩の領土を出て遠方に二、三年留学する風習があった。土佐の坂本龍馬《さかもとりょうま》が江戸の京橋、桶町《おけちょう》の北辰一刀流《ほくしんいっとうりゅう》千葉定吉《ちばさだきち》に入門したり、佐賀藩士や長州藩士が宝蔵院流高田派《ほうぞういんりゅうたかだは》の槍術《そうじゅつ》の天才である会津藩士志賀小太郎《しがこたろう》に学ぶべく会津に長期滞在したりしたのもそのためである。

諸藩の藩校が出揃うのは一八〇〇年代を迎えてからのことだが、ある藩校で成績抜群の子弟には右の習わしを模してのことか、江戸時代唯一の官学である昌平坂学問所《しょうへいざかがくもんじょ》へ留学することが許された。同所に入学すると学費は官費でまかなわれ、藩も留学費用を出してくれるから、存分に学問に打ちこめる。

とはいえ、麴町《こうじまち》学問所という予備校さえあったほどだし、弘化三年（一八四六）から慶応元年（一八六五）の二十年間に同所に在籍した留学生の数は五百五人――一年間に二十五・三人の割合でしかなかったから、今日の東大よりもはるかに難関であった。

この超難関に入学を許された人数を調べてゆけば、そこから逆算して諸藩の藩校の学力水準を推し測ることができるのではないか。かつて私はそう考え、「会津藩校日新館《にっしんかん》の水準は」というエッセイを書いてみた（『歴史の坂道――戦国・幕末余話』所収、中公新書ラクレ）。

それをリピートすると、大藩のうち留学生を多く輩出したのは左の四藩である。

一位	佐賀藩	三十五万七千石	四十人
二位	仙台藩	六十二万石	二十一人
	薩摩藩	七十七万石	同
四位	会津藩	二十三万石	十九人

ちなみに加賀藩士は九人、富山藩士は五人、大聖寺《だいしょうじ》藩士はゼロである。

藩の石高と藩士およびその子弟の人口は比例するものとみなし、一位から四位までの四藩の一万石あたりの昌平坂学問所への進学率を計算してみると、学力水準を計る物差《ものさし》になるだろう。

便宜上、三十五万七千石を三十五・七、六十二万石を六十二・〇……としてゆき、四藩の留学生の数をこれらの数字で割ると左のようなポイント数になった。

一位　佐賀藩　一・一二〇ポイント
二位　会津藩　〇・八二六ポイント
三位　仙台藩　〇・三三九ポイント
四位　薩摩藩　〇・二七三ポイント

かつて武芸の方面には、

「槍は東に会津、西に柳河《やながわ》」

ということばがあった。槍術の達人の多いのは会津藩と筑後柳河藩だ、というのである。

同様に学力の高いのは佐賀藩と会津藩だといわれてきたものの、その数字的根拠を挙げた史料はこれまで管見に入ったことがない。しかしこのように計算してみると、通説は正しかったことがわかる。

なお、諸藩留学生の数は鈴木三八男《すずきみやお》『「昌平黌《しょうへいこう》」物語――幕末の書生寮とその寮生』所収「各藩書生寮入寮者数」に拠ったが、この表は肥前大村藩二万七千九百石のそれを二十人とする。すると、七・一七八ポイントというとんでもない数字がはじき出されて、データに誤りがあるようなので、今回大村藩は除外して考えたことを付記しておく。

さて、一位から四位までにランクインした諸藩を眺めて興味深いのは、一位佐賀藩と四位薩摩藩は戊辰《ぼしん》戦争における西軍（明治新政府軍）の主力。三位仙台藩は賊徒とみなされた二位会津藩を救うべく奥羽越《おううえつ》列藩同盟を結成し、その盟主となったことであろう。

幕末に各藩の京都屋敷詰めとなり、藩外交を担った藩士の多くは、昌平坂学問所への留学経験者であった。公武合体《こうぶがったい》か尊王討幕《そんのうとうばく》かという藩論はかれらの決定した場合が少なくないのであり、このことはもっと知られてしかるべきである。

さらに付言しておきたいのは、徳川御三家中三位の水戸藩三十五万石からはわずか一人（原市之《はらいちの》進《しん》）、長州藩三十七万石からは高杉晋作《たかすぎしんさく》ら九人の留学生しか出ていないことだ。

水戸藩校弘道館《こうどうかん》が今も玄関式台《しきだい》の正面に「尊攘《そんじょう》」の書を飾っているように、水戸藩は徳川家の支流であるのに反幕的な水戸学に染まり、これに反対する諸生党《しょせいとう》と血みどろの党争を繰りひろげた。この党争で優秀な藩士はほぼ死に絶えたともいわれるほどだから、とても昌平坂学問所に留学させるどころの話ではなかったのであろう。

おなじ傾向は、長州藩についてもいえる。東の水戸藩、西の長州藩はともに尊王攘夷の総本山と称されたが、長州藩京都詰めの者は文久三年（一八六三）八月十八日の政変で京都から追放され、これに怒って翌年七月に禁門《きんもん》の変を起こした同藩遠征軍は公武合体派諸藩に撃破されて賊軍となった。これに危機感を抱いた椋梨藤太《むくなしとうた》ら保守派が尊王派を次々に処刑すると、水戸藩によく似た党争が起こり、両者ともに死屍累々《ししるいるい》となった。

しかも討幕運動に挺身《ていしん》したのは吉田松陰《よしだしょういん》の主宰した松下村塾《しょうかそんじゅく》の門人たちの系統だったから、藩校明倫館《めいりんかん》は遺構が今もよく残っているにもかかわらず、やや影が薄い存在と感じられるのだ。

海防の観点から近代化を迫られた藩校教育

藩校弘道館を持つ佐賀藩が戊辰戦争の勝者に名を連ねた理由のひとつは、天保・弘化・嘉永年間から西洋科学と軍事技術の導入に努め、文久三年（一八六三）にはイギリス式アームストロング砲まで自力で製作できるようになっていたことだ。佐賀藩は長崎に近いため、蘭学を吸収するには便利な土地だったのである。

似たような情報収集能力は、薩摩藩についてもいえる。慶長十四年（一六〇九）に琉球《りゅうきゅう》侵攻をおこなった同藩は、日中両属の琉球王国を介して鎖国後も水面下で日中貿易をおこないつづけた。ために安永二年（一七七三）開校の藩校造士館《ぞうしかん》では唐通事《とうつうじ》（中国語通訳）や朝鮮通事も養成されたし、幕末屈指の名君島津斉彬《しまづなりあきら》に至っては蒸気機関製造所をふくむ近代的工場群を建設して「集成館《しゅうせいかん》」と名づけた。

江戸時代には、山国よりも海に面した藩、しかも長崎に近い藩ほどより早く西洋文明の息吹に触れ、理工系の学問にめざめていった、という顕著な傾向がある。

今、島津斉彬を「幕末屈指の名君」と形容したが、加賀藩百三万石の最高の名君は第五代藩主前《まえ》田綱紀《だつなのり》である。藩校開設を夢見たその思いが叶《かな》ったのは寛政四年（一七九二）、第十一代藩主治脩《はるなが》が藩校明倫堂《めいりんどう》を造営した時であった。

早世する藩主が多かったため開設がやや遅れたのだが、綱紀に帝王学を教えたのは岳父でもある会津藩主保科正之《ほしなまさゆき》であり、正之は郷校稽古堂《ごうこうけいこどう》に資金援助をして藩士たちにも通学させるなどして、のちの藩校日新館の開設へとつながる教育立国に邁進《まいしん》していた。多いときには一日に二度、その正之を訪問して一対一の講義を受けた綱紀が学問に目ざめ、膨大な量の書籍を収集して、新井白石《あらいはくせき》を「加賀は天下の書府なり」と感嘆させた話はよく知られている。

明倫堂は、このような大地から育った樹木であった。

その加賀藩が海防にめざめたきっかけは、文化四年（一八〇七）四月から五月にかけてロシア人がエトロフ、カラフト両島の日本人集落を襲ったことにある。

会津藩日新館をひらいていた同藩大老田中玄宰《たなかはるなか》は、これを受けてカラフト出兵を決断。加賀藩は幕府から能登の海防を命じられ、これが洋式学校壮猶館《そうゆうかん》の設立につながっていった。

私たち現代人は『論語』や『孟子』の説く君子のあり方を、観念的な議論とみなしてしまいがちである。だが、諸藩の学校では、学生たちが藩政に携わった時にどんな政治をおこなうべきか学ぶに足る「実際の用に立つ学問」としてこれらを教えた。

そこに海防の観点から工学、物理学、医学、航海術、西洋式兵学を採り入れる必要が起こり、従来の藩校教育は否応なく近代化を迫られるのである。

幕末有名人の少年時代

勝海舟――睾丸の災厄と不思議に縁があった〝父子鷹〟

海舟《かいしゅう》こと勝麟太郎義邦《かつりんたろうよしくに》は、文政六年（一八二三）一月末日、葛飾の本所亀沢町に生まれた。勝左《さ》衛門太郎惟寅《えもんたろうこれとら》（通称小吉《こきち》、夢酔《むすい》と号す）・信《のぶ》夫妻の長男として、である。

禄高は、わずかに四十一石一斗二合六勺九寸。旗本というにはあまりの微禄であったが、勝家は三河以来の家柄で、代々「箸にも棒にもかゝらぬ、乱暴者」（「勝伯略伝」、『旧幕府』第五号）ぞろいといわれた四谷大簞笥組《おおたんすぐみ》五十四人に属する一族であった。もっとも、父小吉は終生小普請組《こぶしんぐみ》に属し、無役に終わったから、麟太郎が生まれた頃の勝家は〝貧乏旗本〟の典型であったと考えてよい。

その〝貧乏旗本〟の惣領《そうりょう》息子に運がめぐってきたのは七歳の時のこと。美少年であった麟太郎は、江戸城大奥で女中勤めをしていた勝家の親戚阿茶《あちゃ》の局《つぼね》の仲介で本丸の御庭拝見（御雛拝見とする説もあり）のため、江戸城に上がった。そこを十二代将軍徳川家慶《とくがわいえよし》の五男初之丞《はつのじょう》（のちの一橋慶《ひとつばしよし》昌《まさ》）の目にとまり、小姓《こしょう》として彼に仕えることになったのである。

「八之丞《ママ》サマといって、一ッ橋のあとに直る人だったが、大層、ワシがお気に入りで、十二までお附きだった」

と『海舟座談』にもなつかしげな回想がある。

だが天保二年（一八三一）九歳の時、麟太郎は大変な災厄に遭う。父小吉の著した『夢酔独言《むすいどくげん》』によれば、宿下がりで家に帰ってきた麟太郎を、父は「本のけいこに三ッ目向《むこ》うの多羅尾七郎三郎《たらおしちろうさぶろう》が用人《ようにん》の所へやった」。だが「或日《あるひ》、けいこにゆく道にて、病犬に出合《であっ》て、きん玉をくわれた」のである。

麟太郎は、花町の仕事師八五郎の家にかつぎ込まれた。知らせを受けた父が飛んで行ったのはいうまでもない。父が到着した時、麟太郎は積み上げられた蒲団《ふとん》に寄りかかっていた。前をまくってみると、陰嚢《いんのう》が嚙み破られて睾丸《こうがん》が外にはみ出している。

幸い外科の成田というがきているから、「命は助かるか」と尋ねたら、六ヶ敷《むつかしく》いうから、先《まず》息子をひどくしかってやったら、夫《それ》で気がしっかりとした容子《ようす》故に、かごで内《うち》〔家〕へ連《つれ》てきて、篠田という外科を地主が呼《よん》で頼んだから、きず口を縫ったが、医者が振《ふる》えているから、おれが刀を抜《ぬい》て、枕元へ立て置《おい》て、りきんだから、息子が少しも泣かなかった故、漸々《ようよう》縫《ぬっ》て仕舞《しまっ》たから、容子を聞《きい》たら、「命は今晩にも受合《うけあい》はできぬ」といったから、内中のやつはないてばかりいる故、思うさま小言をいって、たたきちらして、其晩《そのばん》から水をあびて、金比羅へ毎晩はだか参りをして、祈った。（『夢酔独言』）

水垢離《みずごり》をとってはだか参りすることをつづけた小吉は、この日以降麟太郎を抱いて寝るのを常とした。自分の冷えた身体によって、息子の熱を何とか下げようとしたのである。ほかの誰にも手を触れさせず、毎日怒鳴りちらし、暴れちらしているので、

「今度岡野様へ来た剣術遣いは、子を犬に喰われて、気が違った」

と近所の噂《うわさ》になったほどであった。

しかし、父の必死の看病の甲斐《かい》あってしだいに麟太郎の傷口は癒え、ようやく床を離れることができた。実に災厄後七十日目のことである。

だが麟太郎の全快・再出仕にもかかわらず、一橋慶昌は天保九年（一八三八）、十四歳を一期《いちご》として夭折《ようせつ》してしまう。息子を一橋家用人として出世させようとした小吉の夢は、ここにもろくも崩れ去ったのである。

放蕩無頼《ほうとうぶらい》の徒であった小吉の生活は、これを境にますます荒れた。彼は嘉永三年（一八五〇）九月四日、四十九歳で死亡するが、その五年前から蘭学に目を開いていた麟太郎は、やがて小吉の期待以上の大物に成長。幕府側重役として征長の役の戦後処理や江戸城の無血開城を成功させて、明治二十年（一八八七）に伯爵を授かる。

その七十七年の生涯の間に、正妻を含む三人の女性との間に四男五女をもうけたことから見ても、「病犬に出合てきん玉をくわれた」事件は、男子としての能力には何ら悪影響を及ぼさなかったことが知れるのである。

ちなみに、のちに〝父子鷹《おやこだか》〟とも呼ばれた勝父子は不思議に睾丸の災厄と縁があったようで、小吉も十四歳の時、睾丸に大怪我をしたことがある。

すなわちこの時、小吉は養祖母のあまりの意地の悪さに腹を立て、家出して四ヵ月間東海道を乞食となって放浪していた。そして箱根山中で野宿した時のこと。小吉は寝返りを打った拍子に崖からころげ落ち、岩角に睾丸をぶつけて気絶したのである。

腫れあがった睾丸からは膿《うみ》が出、さらに三ヵ月もたつうちに「湿《しつ》」（皮癬《ひぜん》）が広がってしまって快癒するのに二年もかかった、と『夢酔独言』は告白している。むろん、その時の経験が麟太郎を看病する際に役立ったかどうかは、誰も知らない。

徳川慶喜――才気煥発の腕白者、長じて〝有言不実行の人〟

徳川最後の将軍徳川慶喜《とくがわよしのぶ》の気性を一言で表現するならば、〝有言不実行の人〟とでもいうべきだろう。その根拠は枚挙にいとまないところだが、たとえば――。

①将軍職に就く以前、慶喜は一橋家を相続して文久二年（一八六二）二十六歳の時、将軍後見職となり、同年十一月孝明《こうめい》天皇より攘夷《じょうい》の勅諚《ちょくじょう》を拝受した。だが翌年四月十日天皇の石清水《いわしみず》社行幸に供奉《ぐぶ》し、攘夷の節刀《せっとう》を賜《たまわ》る段になると、急の腹痛と称してお召しを拝辞。ために世人から、

「真の御太刀《みたち》はいらないものよ、どうで攘夷は出来やせぬ」（『維新史』第三巻）

と嘲笑された。

②慶喜は、第二次長州征討に際しては、

「断乎《だんこ》として出陣」（渋沢栄一《しぶさわえいいち》『徳川慶喜公伝』三）

を主張。慶応二年（一八六六）八月八日、参内《さんだい》して天盃《てんぱい》を賜ったにもかかわらず、小倉口《こくらぐち》が敗れたと聞くや、

「此《かく》の如《ごと》く瓦解《がかい》の兆《きざし》現はるゝ上は、天下の事万事休せり」（同）

と称して突然出兵を中止してしまった。

③同四年（一八六八）一月六日、鳥羽伏見戦争に敗れ、大坂城の慶喜に出陣を乞うた佐幕派諸藩の兵に対し、彼は、

「よし是《これ》より直《ただち》に出馬せん、皆々用意せよ」（『徳川慶喜公伝』四）

と告げたにもかかわらず、その夜のうちに同城を脱出。江戸に逃げ帰ってしまった。

これらの身勝手ぶりから、慶喜は佐幕派の雄として最後まで力戦した会津藩からも、左のように批判される始末だった。

元来《がんらい》一橋慶喜卿は資性明敏にして学識あり、加ふるに世故《せこ》に馴《な》れたるを以《もっ》て、処断流るゝが如《ごと》く頗《すこぶ》る人望ありと雖《いえど》も、是《こ》れ単に外観のみ、其実《それまこと》の志操堅固ならずして思慮屢《しばしば》変ず、これに依《より》て前後其《その》処断を異にする事あるも、敢《あえ》て自ら省みざるは卿の特性なりとす、

（山川浩《やまかわひろし》『京都守護職始末』）

慶喜は、烈公徳川斉昭《れっこうとくがわなりあき》の第七子として天保八年（一八三七）九月二十九日、小石川の水戸藩上屋敷に生まれ、幼時より、才気煥発《さいきかんぱつ》をもって知られた（幼名七郎麿《しちろうまろ》）。ために父烈公は、

「七郎は天晴《あっぱれ》名将とならん、されどよくせずば手に余るべし」（『徳川慶喜公伝』一）

と語ったほどだが、慶喜は皮肉なことに「手に余る」ことだけを証明する人生を歩んだわけである。

その狷介《けんかい》さは幼時からのものだったようで、優しい性質の兄五郎麿《ごろうまろ》（のちの鳥取藩主池田慶徳《いけだよしのり》）が雛人形で遊んでいると、

「五郎様は面倒なことをなさる」

と言いながら取り壊してしまう意地の悪さ（『徳川慶喜公伝』四）。

髪を下ろしていた祖母瑛想院《えいそういん》が七郎麿の日頃の悪戯《いたずら》の数々を厳しく訓誡《くんかい》すると、つと立ち上がって、

「この坊主め」

と罵りつつその頭を打ち叩《たた》いたというから、可愛気のない子供であった。烈公は諸子の中でも特に七郎麿を愛したが、これを聞いた烈公は彼を一室の中に閉じ込め、固く謹慎を命じたほどである（渋沢栄一編『昔夢会筆記《せきむかいひっき》』）。

幼少年時代の七郎麿は大の読書嫌いで、「読書なさらないなら指に大きな灸《きゅう》をすえます」と側近にいわれても恐れる様子がない。実際に灸をすえられ灸点が爛《ただ》れて腫れあがっても、陰気な書物を読むよりましだ、といわんばかりに平然としていた。持て余した側近の訴えを聞いた烈公が座敷牢に押し込めて食事も与えなかったので、この後ようやく読書に励むようになったという（『徳川慶喜公伝』四）。

さらに烈公は、七郎麿の寝相の悪さを改めさせるべく、近侍の人々に命じて彼の枕の両側に剃刀《かみそり》を立てさせたことがある。みだりに寝返りを打つと怪我をするぞ、と脅したわけだが、この時七郎麿は幼心《おさなごころ》にも、自分が眠れば剃刀を取りはずすに決まっている、とたかをくっていたというからますます可愛気がない（同）。

しかし、これらにもまして留意すべきは、彼が時として狡猾《こうかつ》な行為に出る癖《へき》をもっていたことであろう。

又或日《あるひ》、例の如《ごと》く侍臣に髪結はせつゝ復習せられけるに、其《その》侍臣が何の用ありてか髪結ひさして座敷の外に出《い》でしかば、公は仕合《しあわ》せよしと、見台《けんだい》なる本を二三枚繰り過ごし置かれたるに、いつの程にかおはしけん、烈公は公の御後《おうしろ》に立ちて此《この》挙動を御覧じ給ひ、懲戒せさせ給ひし事もありき。（『徳川慶喜公伝』四）

弘化四年（一八四七）、彼は御三卿《ごさんきょう》の一つたる一橋家を相続して一橋慶喜となった。この時、彼は水戸藩より侍臣井上甚三郎《いのうえじんざぶろう》を従えて養子に行ったのだが、歩打毬《ほだきゅう》（毬庭に人数を二組に分け、毬杖《ぎっちょう》で毬《まり》を相手の毬門に投げ込む遊技）に興ずるうちに左手で毬を拾って得点し、知らぬふりをして甚三郎に見咎《みとが》められたこともある。

この時、甚三郎は「今度は私がお相手を」といいつつ進み出ると、数十の毬をザルに掬《すく》って一時に毬門へ投げ込んで宣言した。

「公若《も》し卑怯にも手もて窃《ひそか》に毬を掬ひ給はば、某《それがし》は此《かく》の如《ごと》く仕《つかまつ》るべし」（『昔夢会筆記』）

これにはさすがの慶喜もグウの音も出なかったといわれる。

これらの逸話を生んだ気質が長じて、①から③に見た〝有言不実行癖〟となり、ついには幕府瓦解の時を招き寄せた、といっては酷に過ぎるだろうか。

河井継之助——師の流儀に従わず、周囲から厄介者扱い

河井《かわい》継之助《つぎのすけ》秋義《あきよし》といえば、慶応三年（一八六七）四月、長岡藩七万四千石の家老上席に大抜擢《だいばってき》されるや賄賂、賭博、河税、遊郭、蓄妾《ちくしょう》を厳禁する一方、奢侈《しゃし》の風潮と毛見制《けみせい》を刷新。一気に同藩を富裕藩へと変身させ、その国力を背景に戊辰《ぼしん》の嵐の中で武装中立を策した北越の麒麟児《きりんじ》として知られる。

　そのやり方は一風変わっていて、たとえば賭博禁止令が遵守されているかどうか調べる場合、継之助自身が旅の博徒に化けて地元のやくざの家を訪ねる。そしてやくざにしつこく賭博を挑み、相手が断りつづければそれでよし。うかうかと相手になれば早速取り押さえてしまうのである（蒲原《かんばら》拓三《たくぞう》『長岡藩史話』）。

　何とも人を喰ったやり方だが、人を人とも思わぬ性向は、おそらく生まれついてのものだったのだろう。その分だけ年長者からはいじめられたが、継之助はいつもケロリとしていた、という話が実妹安子《やすこ》の回想として残っている。

　兄の幼い時分は、仲々腕白者で、親共の命令さへ聞かぬ程であつたそうで、遊びになど出ても、始終負けぬ気であつた為《た》め、大きい者などに苦《くるし》められ、大瀬重?〔ママ〕なんといふ人には、頭部へ傷をつけられて、鮮血をタラ〳〵させて帰宅《かえ》つて来て、知らぬ顔をして居りますのを、妾《わたくし》が真

の小供心にもハッと思ふて、お母さんに、兄様の頭が……と云つて心配したこともありました。
（今泉《いまいずみ》鐸次郎《たくじろう》『河井継之助伝』）

こうした幼年時代を過ごした継之助は、やや長ずるに及び、父の勘定奉行代右衛門《だいえもん》秋紀《あきのり》に命じられて弓馬槍剣《きゅうばそうけん》の道と文学とを学ぶことになった。

しかし彼はいずれの師の流儀をも尊ばず、なかなかその指導に従おうとしない。特に馬術の稽古の際などは、馬にまたがったかと思うとすなわち鞭をふるって疾駆。

「降りさっしゃい、降りさっしゃい！」

師たる三浦治部平《みうらじぶへい》が憤激して連呼しても、

「乗馬の術は、馬を駆けさせることと止めることだけをわきまえていれば、それで充分」

と答えて平然としているありさまであった。そのあまりの傲岸不遜《ごうがんふそん》な態度に、継之助はいずれの師からも厄介者扱いされていたと伝えられる。

やがてこの権威を権威とも思わぬ批判精神が、藩重役たちに向けられる時がきた。継之助は文政十年（一八二七）元旦の生まれだから、嘉永六年（一八五三）といえば二十七歳である。前年より江戸へ出府して古賀茶渓《こがさけい》の久敬舎《きゅうけいしゃ》に学んでいた彼は、同年六月ペリーの浦賀来航を知るや、国難至ると察してまだ部屋住みの身にもかかわらず、河井家の所有地の一部を売却。二百両の金を捻出し、その資金をもとに数人を浦賀に派遣して状況を視察させる一方、藩主牧野《まきの》忠雅《ただまさ》に重臣たちの無能を告発する献言書を提出して注目を浴びた。

この大胆さによって評定方随《ひょうじょうがたしたがい》役《やく》目付《めつけ》同格《どうかく》に抜擢されるが、「書生あがりに何がわかる」と重臣たちの白眼視を受けるや、継之助はあっさりと辞任。その後はもっぱら砲術の腕を磨き、

「我に剣付銃《けんつきじゅう》を所持する一隊千人の兵を率ゐしむれば、如何《いか》なる堅陣をも破らんこと敢《あえ》て難からざるべし」（同）

とうそぶくのを常とした。同じ頃継之助は、藩主忠雅の養子忠恭《ただゆき》の御前講義を命じられたが、

「己《おれ》は講釈などをするとて学問したのでは無い、講釈をさせる入用があるなら、講釈師に頼むがよい」（同）

と即座に断って、藩庁の人々を驚愕《きょうがく》させている。

このような独立不羈《ふき》の精神が、やがて前述の財政再建のほかに、二千石の者は五百石に、千三百石から千百石までの者は四百石に落とす一方、百石以下の者は禄高を上げるという画期的な藩政改革につながってゆくのである。これらの改革のあまりの厳しさに、

河井〔可愛〕〳〵と今朝《けさ》までおもひ今は愛想も継之〔尽〕助

という狂歌もあらわれたほどだが、継之助は決して石部金吉《いしべきんきち》ではなかった。

安政五年（一八五八）ふたたび久敬舎に学んだ際、彼に兄事した刈谷無隠《かりやむいん》の回想が『河井継之助

伝』にある。それによれば、ある時継之助が「女郎買いなどするものじゃない」と言いつつ、『吉《よし》原細見《わらさいけん》』を無隠に見せたことがあった。それを見ると、吉原の有名な女郎の名前の上にはことごとく◎○△などの印がつけられ、中には消してあるのもある。継之助は、自分の買った女郎が利口か馬鹿か、美しいか醜いかをこうして記帳していたのである。

そして継之助は訓示した。このとおりおれは女郎買いをしてみたが、英雄豪傑ほど婦人に溺れやすいものであることがよくわかった。だからお前は、決して女郎買いをしてはならない……。

何とも人を喰った言い分だが、このような愛敬が継之助の大きな魅力の一部だったことだけは確かであろう。

土方歳三――奉公先を出奔した気の強さ

新選組副長、のち蝦夷島《えぞしま》政府陸軍奉行並《りくぐんぶぎょうなみ》として鳥羽伏見戦争、甲州勝沼戦争から会津鶴ヶ城攻防戦、宮古湾海戦、箱館戦争まで、戊辰《ぼしん》の主要な戦いにことごとく参加して有名を馳せた土方歳三義豊《ひじかたとしぞうよしとよ》が、実は近藤勇昌宜《こんどういさみまさよし》と同じく農民の出であったことはよく知られている。

歳三の生家は、武蔵国多摩郡石田村で「大尽《だいじん》」と呼ばれた豪農土方家である。しかしその幼少期は、決して明るい色彩に包まれてはいない。歳三は天保六年（一八三五）生まれだが、父の隼人義《はやとよし》諄《あつ》はその出生を待たずに死亡。彼は母恵津《えつ》の手で育てられた。だが、その母も三歳の時冥界に去ったからである。

その後歳三は、兄の喜六《きろく》・なか夫妻の手で育てられ、十一歳の時、江戸上野の松坂屋呉服店へ丁稚《でっち》奉公にやらされた。農家の次男坊以下が奉公に出るのは昭和に入ってからもつづいていた慣習だから不思議はない。

しかしこの時、歳三は持って生まれた気の強さを初めて垣間《かいま》見せている。

ささいな事で番頭の怒りに触れ、白雲頭《しらくもあたま》へ一拳《いっけん》を喰った。歳三容易に屈伏しない。たちまち番頭に喰って掛かり、抗〔ママ〕論の挙《あ》げ句《く》、夕店の混雑に紛れて、この松坂屋を出奔し、九里の夜道を石田の生家へ帰って来た。兄喜六が宥《なだ》めて帰店させようとしたが、承知せず、ついに再び松坂屋の敷居を跨《また》がなかった。（佐藤昱《さとうあきら》『聞きがき新選組』）

十一歳の少年が九里の夜道を歩ききったとはすさまじいが、これは十四歳の時のことだとする説もある。いずれにせよ幼くして父母を失った歳三には、人に倍する負けじ魂が備わっていたもののようである。

そして、この出来事をきっかけに喜六宅にいづらくなったのであろう。以後彼は姉のぶの嫁いでいる日野の寄場《よせば》名主佐藤彦五郎俊正《さとうひこごろうとしまさ》宅に寄食して、雑用に立ち働く日々をすごす。

その後十七歳の時、ふたたび江戸に奉公に出た。今度の奉公先は、大伝馬町《おおでんまちょう》の呉服屋だったという（谷春雄《たにはるお》・林栄太郎《はやしえいたろう》『新選組隊士遺聞』）。しかしここでも歳三は問題を起こした。

すでに青年に達して来ると共に、資性の才気が仄《ほの》めき出して、主家一統に大気〔ママ〕に入り、搗《か》てて加えて色白の美男子、すらりとした背格好、これをどうして江戸娘が棄てて置こう。同朋輩の一女から、その紅《あか》い袖口へ引込まれてしまった。

（『聞きがき新選組』）

当然の結果として、女は妊娠。始末に困った歳三は、ふたたび奉公先を出奔して佐藤彦五郎宅に戻り、彦五郎に窮状を打ち明けた。

彦五郎や喜六が、異口同音に結婚や出産に異議を唱えたのはいうまでもないが、歳三らしさが発揮されたのはこの後のこと。すなわち歳三は、二人の兄に説諭されるや翻然とその非を悟り、名《みょう》代《だい》に立とうとする彦五郎を制して単身きびすを返し、自分で女と話をつけてきたのである。

婚前に妊娠した女性との別れ話には、死ぬの生きるのといった話のつきまとうのが普通であろう。かりにそれがなかったところで、多額の手切れ金や始末代が必要となる。佐藤彦五郎はなかなかの人情家であったようだから、歳三に何両か持たせてやった可能性も高いと思うが、それにしても十七歳の少年が、どのような論理を駆使して相手を説得したのであろうか。

新選組隊士たちを前に、得々と心構えを説き、命令を下す彼の姿は映画やテレビでおなじみだが、そのような弁舌の才がこの頃から備わっていたのであれば、これは一種の異才というべきであろう。

さて、右の事件をきっかけにふたたび彦五郎宅に腰を落ちつけた歳三は、江戸から時々天然理心《てんねんりしん》流《りゅう》剣法の出稽古にやってくる近藤勇と知り合う。彦五郎は、自宅の庭に道場「撥雲館《はつうんかん》」を建てたほど剣法修得に熱意を燃やしていたのである。

安政六年（一八五九）三月九日、正式に近藤勇に入門。この頃の歳三は、薬の行商に歩きつつ、合間を見ては剣法修業に励んでいた。

石田村の生家では、打身骨接《うちみほねつぎ》の妙薬「石田散薬《いしださんやく》」を代々調合・販売していた。また佐藤家では、肋膜炎《ろくまくえん》や肺炎に効能のある「虚労散薬《きょろうさんやく》」を製造していた。歳三は甲府・川越・横浜方面にこれらの薬を行商に行っては、常時薬箱にくくりつけてある剣術道具一式によって行く先々の道場で剣技を磨くことを怠らなかった。

すでにこの頃、歳三のうちには「いずれ、剣客として身を立てよう」という思いが止めどない炎のように燃え立っていたのであろう。文久二年（一八六二）、京に出発するまでには、近藤の道場「試衛館《しえいかん》」で師範代をつとめる腕前になっていたことがわかっているから、剣技修得にも豊かな天分を持っていたものと思われる。

ちなみに、歳三が行商して歩いた「石田散薬」と「虚労散薬」は、のちに新選組の常備薬となる。結核だった沖田総司《おきたそうじ》は、常に後者を服用していたと伝えられる。

教育立国を支えた会津藩の子弟たち

籠城戦を経験した四人

本稿では、明治という時代に独自の足跡を残した井深梶之助《いぶかかじのすけ》、山川健次郎《やまかわけんじろう》、その妹の捨松《すてまつ》、山本《やまもと》八重《やえ》の四人の人生を振り返る。この四人はすべて幕末維新期を生きた会津藩の子弟であり、慶応四年（一八六八）八月二十三日から九月八日の明治改元を挟んで九月二十二日の降伏開城まで、鶴ヶ城こと若松城に入って籠城戦を敢行し、明治新政府軍と戦ったという共通体験を持っている。

鳥羽伏見の戦い以降の会津藩戦死者総数は二千九百七十三人、武装を解除された籠城者は四千九百五十六人、追って降伏した城外部隊は千七百四十四人。籠城者のうちの傷病者は青木村の病院へ移され、婦女と六十歳以上十四歳以下の男子は任意の地に去ることを許された（山川健次郎監修『会津戊辰戦史』）。

男装したばかりか七連発のスペンサー銃を操る一方、四斤山砲《しきんさんぽう》による砲戦さえ指導した二十四歳の山本八重や、九歳の山川捨松は、これによって放免されたが、ほかの籠城者たちは猪苗代に、城外部隊は塩川村の謹慎所に割りつけられた。この方針によって、ともに十五歳だった井深梶之助と山川健次郎は雪の猪苗代へと送られ、屈辱の日々を送ることになった。

官費留学生としてアメリカへ渡った山川健次郎と捨松

右の二少年のうち、十月中に猪苗代脱出に成功し、越後にひそんだのは健次郎である。これは真《しん》龍《りゅう》寺《じ》の僧智海《ちかい》こと河井善順《かわいぜんじゅん》が、越後の水原《すいばら》で会津藩公用方秋月悌次郎《あきづきていじろう》の古い知り合いである長州藩士奥平謙輔《おくだいらけんすけ》と会見、優秀な会津藩子弟ふたりの面倒を見るとの約束を取りつけ、健次郎と小川《おがわ》亮《りょう》を越後へ送って勉学をつづけさせることにしたのだ。

越後国蒲原郡《かんばらごおり》の大庄屋遠藤七郎《えんどうしちろう》に預けられたふたりは、土蔵一杯に詰まった和漢の書籍を耽読《たんどく》する暮らしを約五カ月間続行。その後、奥平謙輔の命令で東京へ出、深川万年橋の長州藩邸内の一棟に住む新政府参議前原一誠《まえばらいっせい》(長州藩士)の書生になるなどして苦学した。

明治三年(一八七〇)一月は、旧会津藩松平家が斗南《となみ》藩三万石として再興を許された時である。これ以前に会津の水谷地新田《みずやちしんでん》村に疎開した家族を訪ねていた健次郎と井深梶之助は、斗南藩権《ごんの》大参事《だいさんじ》として藩政を見ることになった健次郎の兄の浩《ひろし》が芝増上寺《ぞうじょうじ》の宿坊徳水院《とくすいいん》に「斗南藩学」という名の藩校を開いたと知り、ここでさらに学業をつづけることにした。同校の特徴は旧幕府開成《かいせい》所《じょ》(後身は東京大学)の英語教官千村五郎《ちむらごろう》を招き、子弟に英語を学ばせていた点にある。

ただし、その生活環境はきびしかった。

徳水院には藩の学生が五十名許《ばか》り居たが、何分貧乏のどん底にあつた斗南藩のことゝて、学生の給与は一日南京米《なんきんまい》二合、鳥目《ちょうもく》百文に過ぎなかつた。如何《いか》に物価の廉《やす》い時代とはいへ、これだけでは到底凌《しの》げさうにもない。鳥目百文では筆・墨・紙・灯油・寝具等の損料の諸経費を差引けば、剰《あま》すところは幾何《いくばく》もなかつた。故に副食物は胡麻塩を常とし、下駄などは四五十人に四五足の割で持つて居たといふ。

（故男爵山川先生記念会『男爵山川先生伝』）

明治三年（一八七〇）四月から七月にかけて、旧会津藩士約二千七百戸が下北半島を中心とする斗南藩領に移住。八月には「斗南藩学」も閉鎖されたので、健次郎と梶之助は旧幕臣で一時会津援軍でもあった沼間守一《ぬまもりかず》の英学塾に移り、英語、数学、世界地理などを勉強した。

その健次郎に、北海道開拓使から海外留学の話が持ちこまれたのは同年十一月のこと。開拓使次官の黒田清隆《くろだきよたか》は、北海道の開拓に当たる人材なら暖国より寒国の出身者がよい、奥羽諸藩の中でもっともよく戦ったのは会津藩と庄内藩だ、という発想でこの両藩からひとりずつ留学生を選ぶことにし、旧会津藩子弟からは健次郎が選に入ってアメリカに向かうことになったのだ。

健次郎が横浜から排水量二千トンの外輪汽船「ジャパン号」に乗り、太平洋横断の旅に上ったのは明治四年（一八七一）元旦のこと。すると同年十月初め、妹の捨松十二歳が政府の官費留学生として、わずか七歳の津田梅子《つだうめこ》ら五人でその跡を追うことになった。それまでの捨松は咲子《さきこ》という名であったが、母のえん（雅号唐衣《からごろも》）は「捨てた思いで帰りを待つ」という思いから捨松と改名させて送り出したのである。

キリスト者となった井深梶之助と山本八重

残された井深梶之助は、元神奈川奉行所諸役の子弟のための学校で、今は神奈川裁判所付属となっている修文館《しゅうぶんかん》に学僕として雇われ、明治三年（一八七〇）九月十一日からアメリカ人ブラウン博士について英学を学んだ。その暮らしは「大刀を売っては教科書、辞典、筆紙を買い、湯銭その他日用品の費用に充当するという耐乏生活」（猪俣恒三「井深梶之助の横浜進学」、『歴史春秋』第三一号）。ブラウン博士は英語の発音を一語一語丁寧に教え、時には学生たちの口の中に自分の指を入れてまでして舌の動かし方を教えてくれた。また博士は「言葉は人間である」を信条とし、数学、文学、音楽鑑賞などを通して学問の意義や世界観、人生観についても教示してくれた。その影響は計り知れないほどのものであった。

梶之助は薩長に対する報復のためには臥薪嘗胆《がしんしょうたん》、勉学して大成しようとの考えを常に抱きつづけていたが、博士の人道主義的思惟に共感してからは、自分が狭量であったことを悟るに至った。（同）

ブラウン博士は、アメリカ合衆国長老教会の宣教師でもある。梶之助は、その博士によりキリスト教禁制解除に先立つ明治六年（一八七三）一月五日に受洗。十年（一八七七）、東京築地に日本キリスト一致教会が組織され、東京一致神学校が設立されるとその第一期生となり、十二年（一八七九）には同教会の牧師、二十年（一八八七）、同神学校を母体のひとつとして明治学院が創設されると教授に就任。二十四年（一八九一）にはヘボンの後任の同学院二代目総理になるなどして、国際会議にも活躍するキリスト者として生きていった。特にかれが救済事業を重視したのは、自分を主君松平容保《まつだいらかたもり》の開城降伏によって助けられた身だと考えたためだという。

明治四年（一八七一）十月、兄の覚馬《かくま》が京に生存していると知って入京した山本八重も、梶之助より少し遅れて九年（一八七六）一月二日に受洗した。京都府顧問に就任していた覚馬からアメリカ伝道教会の宣教医ゴルドン、そのゴルドンからアメリカ帰りの宣教師新島襄《にいじまじょう》を紹介された八重は、前年に襄が同志社英学校を創設するとこれに協力。襄と結婚して新島八重となり、歩行困難になりながらも京都府議長、京都商工会議所会頭を歴任した覚馬を補佐。その一方で、規模拡大の道をたどった同志社の運営にも携わりつづけた。

ほかにも新選組隊士鈴木勘右衛門《すずきかんえもん》、白虎隊の隊長日向内記《ひなたないき》の孫で関東学院を創設した坂田祐《さかたたすく》など、旧会津藩ゆかりの者でクリスチャンになった者がめだつのは、戊辰戦争に斃《たお》れた肉親、友人たちを思うと、キリスト教の説く「霊魂《アニマ》不滅の教え」が胸に響いたためではあるまいか。

「白虎隊総長」と渾名された健次郎、「鹿鳴館の花」と称えられた捨松

明治八年（一八七五）五月、山川健次郎がイェール大学理学部を卒業して帰国した。留学中、官費支給停止という理不尽な目に遭った健次郎は、同級生の伯母で富豪のハンドマン夫人から「卒業して国に帰ったら一生懸命になって国に尽くす、と誓え」と求められ、これを承諾。同夫人の援助のもと、ようやく学成って帰国したのである（小著『山川家の兄弟――浩と健次郎』学陽書房人物文庫）。

明治十年（一八七七）に東京大学理学部教授補、十一年（一八七八）には教授と肩書きを改めながら研究生活をつづけた健次郎は、同大学理科大学長を経て三十四年（一九〇一）に東京帝国大学総長に就任。三十八年（一九〇五）に辞任したが、大正二年（一九一三）から九年（一九二〇）までふたたび東京帝大総長をつとめた。しかも明治四十四年（一九一一）から大正二年（一九一三）まで新設の九州帝大総長をつとめ、大正三年（一九一四）八月から翌年六月までは東京帝大と京都帝大の総長を兼任するなどして、「白虎隊総長」「フロックコートを着た乃木将軍」と渾名《あだな》された。

その古武士然とした風貌と学士会院の会員を辞退してしまう硬骨漢として世に知られた健次郎は、和魂洋才を身につけた明治の知識人の典型といってよい。

会津史に対する理解度もきわめて深く、亡兄浩の志を顕彰すべく、みずから決定稿を作りながら浩の名で出版した『京都守護職始末』（一九一一年）、および健次郎の監修という形で発行された『会津戊辰戦史』（一九三三年）の二著は、これを読まずして戊辰史は語れないほどの水準に達して

いる。

近年、東大、九大、会津高校などに健次郎の胸像が除幕されたのは、ハンドマン夫人との約束を守り、終生、信義に生きたこの人を追慕する人々が今なお少なくないからである。

その妹山川捨松は、明治十五年（一八八二）の暮れ、津田梅子とともに丸十一年ぶりに帰国した。アメリカの女子大学の名門ヴァッサー・カレッジを優秀な成績で卒業した捨松は、「日本に対する英国の政略」という卒業スピーチによって喝采を浴びたことを『朝日新聞』に報道されるほどの有名人になっていた。

ただし、陸軍大佐となった兄浩の牛込の家に同居した捨松には問題がひとつあった。当時の日本に、捨松のようなアメリカナイズされた女性の夫にふさわしい青年は皆無だったのだ。

そんな中で捨松は、先に帰国した留学生仲間とまだ珍しかったテニスをしたり、そのひとり永井《ながい》繁子《しげこ》が瓜生外吉《うりゅうそときち》（のち男爵、海軍大将）と結婚記念パーティーを開いた時には、英語劇「ベニスの商人」に出演したりした。

捨松はユダヤ商人のシャイロックをこらしめる若妻ポーシャに扮した。このときのポーシャの面長でノーブルな美しさは、この劇を見た人たちすべてを魅了した。

（宮崎十三八《みやざきとみはち》「山川捨松の光と影」、『会津人の書く戊辰戦争』所収）

「魅了」されたひとりは、陸軍中将兼陸軍卿の要職にある薩摩出身の大山巌《おおやまいわお》（のち元帥、公爵）四十二歳であった。前妻を失っていた大山は、西郷従道《さいごうじゅうどう》を介して捨松に求婚。戊辰戦争の敵同士という恩讐《おんしゅう》と十八歳の年の差を越えて大山家に嫁いだ捨松は、明治十六年（一八八三）十一月に鹿鳴館に登場すると、日本人離れしたプロポーション、外国人と流暢な英語、フランス語で会話しながら軽やかに踊る姿を「鹿鳴館の花」と称えられた。

この大山捨松が明治三十三年（一九〇〇）、津田梅子が女子英学塾（今日の津田塾大学）を開設するのに協力したことを視野に入れると、本稿で眺めた旧会津藩子弟たちは、若くして亡国の悲哀を味わいながら、よく明治の教育立国に貢献したといえよう。

維新前後の日本人の感覚と明治天皇

日本伝統の二元論的発想

何度か書いたり話したりしたことだが、われわれ日本人は伝統的に二元論的発想でしか生きて来なかった、と私は考えている。古代から明治維新までを振り返れば、その二元論の対立軸は左のようなものであった。

大和朝廷vs.抵抗勢力（まつろわぬ民）
平氏vs.源氏　①
北朝vs.南朝　②
織田信長《おだのぶなが》vs.既成の戦国大名たち
豊臣秀吉《とよとみひでよし》vs.徳川家康《とくがわいえやす》
開国通商派vs.尊王攘夷派《そんのうじょういは》（再鎖国派）

旧幕府軍vs.討幕派勢力
官軍vs.賊軍 ③

このような対立軸を生み出すキーワードとして、「朝敵」という表現があったことはよく知られていよう。『平家物語』にこの表現が見えるのは①の時代に、『太平記』にもおなじ表現があらわれるのは②の時代に、「朝敵」なることばが多用されたことを示している。

しかし、明治維新を決定づけた戊辰《ぼしん》戦争という名の内戦の時代（③）にこのことばが復活したことは、「朝敵」と名指された者たちを①②の時代よりも深く傷つける結果を招いた。

その過程を眺めてみると、薩摩・長州両藩の藩兵を主力とする新政府軍が、大坂城から京をめざした前将軍徳川慶喜《とくがわよしのぶ》をトップとする旧幕府軍に勅書《ちょくしょ》を届けさせたのは慶応四年（一八六八）一月三日のこと。

「朝命を奉ぜずして兵を擁し上京する者は朝敵なり」（『明治天皇紀』第一）

という表現により、禁門《きんもん》の変を起こして以来賊軍とされていた長州藩は官軍に変身、旧幕府軍はあらたなる賊軍と規定されてしまったのだ。

その直後に鳥羽伏見の戦いがはじまったわけだが、明けて四日、仁和寺宮嘉彰《にんなじのみやよしあき》親王が征討将軍に任じられ、錦旗《きんき》を与えられたことも大変な効果をもたらした。

五日に淀《よど》藩（藩主は老中稲葉正邦《いなばまさくに》）、六日には津藩藤堂家が旧幕府軍から離脱したのは、新戦場に

ひるがえった錦旗を目にするや賊徒とみなされるのを恐れてのこと。大坂城にいた慶喜本人も錦旗発向と聞いて驚愕《きょうがく》し、

「あはれ朝廷に対して刃向ふべき意思は露ばかりも持たざりしに、誤りて賊名を負ふに至りしこそ悲しけれ」（渋沢栄一《しぶさわえいいち》『徳川慶喜公伝』四）

と、にわかに弱気になった。慶喜の実家である水戸藩徳川家は、城内にある藩校の玄関式台《しきだい》上に「尊攘」と書かれた書を飾っていたほど尊王攘夷思想を重んじていた。というのに自分が天皇家から賊徒と決めつけられるとは、と思ったとたんに慶喜は戦意を喪失してしまったのであろう。六日夜ひそかに大坂城を忍び出た慶喜が、旧幕府海軍旗艦「開陽丸《かいようまる》」に乗って江戸へ逃走したことは周知の通り。十二日に江戸城へ入った慶喜は、十六日に引退を表明。城内では主戦論者と恭順論者が対立していたが、かれが主戦論者の代表であった勘定奉行兼陸軍奉行小栗忠順《おぐりただまさ》の唱える反攻戦略を無視して罷免を通告したことにより、旧幕府軍が賊徒の汚名を払拭《ふっしょく》する機会は訪れることなくおわった。

慶喜は二月十二日から上野寛永寺《かんえいじ》の大慈院《だいじいん》に謹慎。江戸無血開城当日の四月十一日、さらに謹慎をつづけるために水戸へ去っていった。

その結果、慶喜の代わりに賊徒首魁《しゅかい》とみなされたのは会津藩主松平容保《まつだいらかたもり》。京都守護職として文久二年（一八六二）十二月に着任して以来、在京会津藩士とお預かりの新選組は尊攘激派の天誅《てんちゅう》という名のテロを監視しつづけてきた。それが裏目に出て、容保は実弟の桑名藩主松平定敬《まつだいらさだあき》（京都

所司代）ともどもあらたな討伐対象とされてしまったのだ。

しかし、会津藩は初代藩主保科正之《ほしなまさゆき》（三代将軍家光《いえみつ》の異母弟）の時代から徳川家の北の藩屏《はんぺい》をもって自認し、平成の初めには「徳川の平和《パックス・トクガワーナ》を現出したのは保科正之の力」とする卑見もかなりの評価を受けた。当時も奥羽諸藩には朝敵呼ばわりされるに至った会津藩に同情するところが多く、五月には保科正之に御家断絶の危機から救われたことのある仙台藩伊達家、米沢藩上杉家の主唱によって、会津救済を旨とする奥羽列藩同盟が発足した（のちに越後諸藩も加入）。

その後、戦場が関東と奥羽・越後地方のほぼ全域にひろがる戊辰戦争は、こうして西国諸藩主体の新政府軍 vs. 旧幕府脱走軍・会津軍・奥羽越列藩同盟軍という対立軸になることが鮮明になったのである。

なお本州での戊辰戦争は、仙台・米沢・会津藩などが順次降伏したことによって九月八日に明治と改元されていたこの年のうちに終結。蝦夷地《えぞち》へ脱走して蝦夷島政府と称していた榎本武揚《えのもとたけあき》たちも明治二年（一八六九）五月十八日、箱館戦争に敗北、降伏し、明治政府はようやく国内を統一することができた。

戦死者総数一万一千余の意味合いは

戊辰戦争とは箱館戦争をもふくんだ表現だが、次に両軍の戦死者数を見ておく。

旧幕府脱走軍・会津軍・奥羽越列藩同盟軍側は、会津藩三千十四名（禁門の変の戦死者をふくむ）、旧幕府脱走軍千五百五名、仙台藩千余名、その他を合わせて七千六百六十九名プラスアルファ（会《あい》津《づ》弔《ちょう》霊《れい》義《ぎ》会《かい》編『戊辰殉難追悼録』「東軍同盟諸藩戦亡殉難者統計表」）。

会津藩戦死者の割合がその三十九・三パーセントに達していたことからも、新政府軍の同藩への敵意の強さが読み取れよう。

対して明治新政府軍戦死者数は、明治二年（一八六九）六月、九段の東京招魂社（のちの靖国神社）に合祀された人々の数から知ることができる。三千五百八十八名、前者の四十六・八パーセントである。

両軍合わせての戦死者総数は一万一千二百五十七名プラスアルファとなるのだが、われわれはこの数字をどのように受け止めるべきなのであろうか。

ちなみに欧米の近代史を眺めると、アメリカの南北戦争では五十万人近く、フランス革命とその後の一連のナポレオン戦争では四百九十万人以上の命が失われた。中国の文化大革命の犠牲者は二千万人という説もあるほどだから、右の数字は約一年半つづいた内戦の戦死者数としてはきわめて少ない、と考えてよい。

ただし、戦死者の数が少なければ敗者の屈辱の度合いが薄くなる、というものではない。戊辰戦争の負け藩はのきなみ石高を削減されたし、反逆首謀者を処刑することを命じられた藩も少なくなかったからである。

以下しばらく、石高削減率の高かった順に藩名を見てゆこう。なお処刑された者のうち（※）を付けたのは、その藩が降伏する以前に死亡していたにもかかわらず、戦争責任者として刑に服したものとみなされた人名である。

①上総《かずさ》請西《じょうざい》藩一万石　慶応四年（一八六八）四月中に藩主林忠崇《はやしただたか》脱藩につき封土没収

②奥州会津藩二十八万石（従来の二十三万石に、京都守護職就任後五万石加増）　奥州斗南《となみ》藩三万石へ（八十九・三パーセント減）

〈処刑〉萱野権兵衛《かやのごんべえ》　田中土佐《たなかとさ》（※）　神保内蔵助《じんぼくらのすけ》（※）

③越後長岡藩七万四千石　旧領にて二万四千石へ（六十七・六パーセント減）

〈処刑〉河井継之助《かわいつぎのすけ》（※）　山本帯刀《やまもとたてわき》（※）

④備中松山藩五万石　旧領にて二万石へ（六十パーセント減）

⑤奥州仙台藩六十二万石　旧領にて二十八万石へ（五十四・九パーセント減）

〈処刑〉但木土佐《ただきとさ》　坂英力《さかえいりき》

⑥奥州二本松藩十万七百石　旧領にて五万石へ（五十・三パーセント減）

〈処刑〉丹羽一学《にわいちがく》（※）　丹羽新十郎《にわしんじゅうろう》（※）

⑦伊勢桑名藩十一万石　旧領にて六万石へ（四十五・五パーセント減）

〈処刑〉森弥一左衛門《もりやいちざえもん》

⑧奥州棚倉《たなぐら》藩十万石　旧領にて六万石へ（四十パーセント減）

〈処刑〉阿部内膳《あべないぜん》（※）
⑨奥州南部藩二十万石　白石《しろいし》にて十三万石へ（三十五パーセント減）
〈処刑〉楢山佐渡《ならやまさど》
⑩出羽庄内藩十七万石　若松（会津）にて十二万石へ（二十九・四パーセント減）
〈処刑〉石原倉右衛門《いしはらくらえもん》（※）
⑪出羽米沢藩十五万石　旧領にて十一万石へ（二十六・七パーセント減）
〈処刑〉色部長門《いろべながと》（※）
以下十四藩は省略

右は、私が個人的にまとめたデータ（未発表）の一部である。ここでも最大の朝敵とみなされた会津藩が、最も重い追罰を受けたことが知れる。

反対に庄内藩酒井家は、慶応三年（一八六七）十二月二十五日には品川の薩摩藩邸を焼き討ちし、ここをアジトとして辻斬り、強盗などを働いていた討幕派浪士の多くを捕縛した。戊辰戦争でも積極的に応戦し、新政府軍に一歩も国境《くにざかい》を越えさせなかった。

というのにかなりの寛典《かんてん》に処されたわけだから、庄内藩の上下は特に大総督府参謀となっていた西郷隆盛《さいごうたかもり》に感謝するあまり、『西郷南洲翁遺訓《さいごうなんしゅうおういくん》』を刊行したりした。

米沢藩上杉家も、奥羽列藩同盟の主唱者だったわりには軽くしか罰せられなかった。これは新政府軍に降伏して以降、会津攻めの先鋒《せんぽう》をつとめたためだといわれている。

それにしても、上記十一藩の石高合計は百八十六万四千七百石と、幕末の幕府の歳入にほぼ匹敵するのに、削減後はわずか八十八万四千石。加えて東京裁判のA級戦犯のうち死刑とされた七名に倍する十四名が処刑されたにもかかわらず、戦死者が大変少なくて済んだのであれば、生き残った多くの人々を待っていたのは貧困と飢えでしかない。

明治維新、文明開化というと重苦しい封建時代がようやく終わり、明るく楽しい市民生活と自由を謳歌《おうか》できる時代が一気にやってきたかのようにイメージする人がいる。しかし、それは勝ち組たる西国諸藩の感覚に過ぎず、関東以北に集中的に存在した負け組にとって明治とは隠忍自重《いんにんじちょう》を強いられる時代のはじまりであった。

警察と陸軍での会津差別

たとえば徳川家は、駿府《すんぷ》藩（のち静岡藩）七十万石として存続することを許された。だが、それまでの禄を失って「無禄移住」を余儀なくされた直臣《じきしん》たちには借金まみれになる者が珍しくなく、窮死する者もあった（『海舟日記』）。

旧会津藩の藩士とその家族は約二万人。そのうち一万四千八百人は下北半島を中心とする斗南藩領に移住したが、そこで移住者たちは浮浪者同様の暮らしを強いられた。斗南藩の石高三万石という公称は新政府の真っ赤な嘘。稲作の北限より北に位置する斗南は、雑穀をかき集めても七千五百石程度にしかならない荒瘠不毛《こうせきふもう》の大地なのであった。

明治新政府は会津藩松平家の再興を許すといいはしたが、その実、斗南移住は「鉄条網なき強制収容所送り」にひとしかった。

明治四年（一八七一）九月といえば斗南藩が斗南県と改称して二ヵ月後だが、この時点でまだ斗南にいた移住者約一万四千余人のうち、老年並びに傷病の者は六千二十七人、幼年者は千六百二十二人。男子で壮健な者は、二千三百七十八人しかいなくなっていた（葛西富夫《かさいとみお》『会津・斗南藩史』）。旧会津藩士の斗南移住政策を推進したことは、明治政府の恥部であろう。

対して新政府の高官となった勝ち組出身者たちには、収公された大名屋敷や旗本屋敷に住まい、馬車に乗って登庁、夜は芸者遊びに興じるなど、軽佻浮薄《けいちょうふはく》な傾向が目立った。長州藩出身者たちは特に芸者遊びを好んだが、その遊び人たちがみんな江戸改め東京へ行ってしまったため下関芸者たちは困ってしまい、高官たちを追って江戸へ転籍した例が少なくない。そのため芸と粋で売った江戸前の芸者数は減少の一途、「悪貨は良貨を駆逐する」ではないが、不見転《みずてん》芸者が増えて困った、と嘆く粋人たちもあらわれた。

古き良き幕府全盛時代を懐かしむ気質は「幕臭《ばくしゅう》」といわれ、たとえば『新選組剣豪秘話』の著者流泉小史《りゅうせんしょうし》は負け組の南部藩士の血筋らしく、自分には「幕臭」がある、と同書の「自序」に書いている。大きく見れば夏目漱石《なつめそうせき》や永井荷風《ながいかふう》も幕臭の持ち主だが、明治初年でいえば負け組の怒りがストレートに反政府運動につながった場合もあった。

明治二年（一八六九）後半、帰順部曲点検所《きじゅんぶきょくてんけんしょ》と称して主に負け組出身の浪士たちを集め、新政府に正規軍として採用するよう仕向けようとした米沢藩士雲井龍雄《くもいたつお》がその例である。雲井は集めた浪士たちによって政府転覆を図ろうとしており、明治三年（一八七〇）八月十四日に投獄され、十二月二十六日に斬《ざん》に処されて首を小塚原《こづかっぱら》に晒《さら》された。

その同志からは、二十一名が斬、十一名が遠流《おんる》十年、二十四名が徒《ず》（懲役刑）三年、三名が杖《じょう》（杖でうつ刑）七十・禁獄七十日に処された。このうち牢死した者が四十四パーセントにも達したのは、拷問と牢内の不衛生が原因と見られている。

刑死あるいは牢死した者の中には、旧会津・斗南藩士が五名、駿府改め静岡藩士二名、磐城平《いわきたいら》藩士・南部藩士・米沢藩士各一名がふくまれていた（安藤英男《あんどうひでお》『新稿雲井龍雄全伝』上巻）。

越えて明治九年（一八七六）には十月二十四日に神風連《じんぷうれん》の乱、二十七日に秋月の乱、二十八日に萩の乱と不平士族たちの武装蜂起が連続して起こった。これらの不平士族たちは戊辰戦争の勝ち組出身者だが、十月二十九日、東京は日本橋小網町《こあみちょう》で巡査たちと斬り合いをした六名は、萩の乱に呼応しようとしていた男たち。この六名は、すべて旧会津・斗南藩士であった（思案橋事件。のち斬首三名、牢死一名）。

官軍 vs. 賊軍という対立軸は、戊辰戦争の負け組による国家転覆計画を発生させて、日本というまだ若い近代国家を動揺させたのである。

ただし筆者は、これらの負け組の不満分子たちにも同情の余地はあったと考えている。それは、負け組は就職できなくて当然という世の中だったからである。負け組のうちでもっとも敢闘した会津人にしても、生きるには修めた武道を生かして警察官か軍人になるしかない、といわれていた。

というのに、警視庁や陸軍の内部でも会津差別は堂々とおこなわれていた。明治六年（一八七三）十月、いわゆる征韓論が破裂して征韓派が敗北すると、その領袖であった西郷隆盛は参議・近衛都督の職を辞して鹿児島へ帰国。警視庁勤務の旧薩摩藩士たちも一斉にその跡を追い、東京府内の巡査数が激減してしまって治安上の問題が起こった。

そこでその穴埋めに採用されたのが、旧会津藩家老佐川官兵衛《さがわかんべえ》以下三百名の会津人。ところがこれらの会津人はひとつの部署には一人しか配属されず、勤務する机の両隣および向かい側には必ず勝ち組出身者が位置する、という形の監視がおこなわれた。

それは陸軍でも同様であり、会津人にだけは新たな演習計画や人事異動の予定などが故意に伝えられないことが多かった。この傾向に対抗するため、会津人は結束して「稚松会《ちしょうかい》」という親睦会を組織し、情報交換に努めた。「稚松」は訓読みすれば「わかまつ」であり、会津藩の城下町若松（今日の会津若松市）を指している。

ヘーゲルの哲学は、思考は正・反・合の段階を経て高次の認識に至るとする。対して二元論的思考法では正と反が交互にあらわれるばかりで合の段階に至らないので、このような対立関係が泥んこ道のようにつづいてしまうのだ。

明治天皇の御製の気品

そして明治十年（一八七七）二月に西南戦争が勃発したとき、戊辰戦争の負け組は激しく反応した。陸軍の常備兵力がまだ三万二千弱に過ぎなかったため、政府が徴募巡査を募り、警視隊として九州へ出征させることにすると、次のような予想外の応募があったのである（塩谷《しおや》七重郎《しちじゅうろう》『西南戦争・福島県人の奮戦』より）。

静岡県から旧幕臣六百人
桑名藩の故地三重県から四百五十人
会津・斗南藩の関係者からは二千二百三十人

不平士族の乱がつづく間に「朝敵回り持ち」という表現が生まれていたことがよく示すように、当時の日本人は、昨日までの官軍は明日からは賊軍と呼ばれるかもしれない、という相対主義的感覚を身につけていた。

はたして西南戦争の最終戦に勝ちを制したのは、かつて桑名藩にあって佐幕派最強と定評のあった雷神隊《らいじんたい》の隊長、立見尚文《たつみなおふみ》であった。陸軍少佐として新撰旅団《しんせんりょだん》第二大隊を率い、薩軍最後の陣地である城山の岩崎谷の攻撃を命じられた立見は、攻撃兵百六十名とともに突入。焙《あぶ》り出されて谷の出口をめざした西郷隆盛たちに乱射を浴びせ、西郷を自刃へと導いたのだ。

これが明治十年（一八七七）九月二十四日のこと。それに先立つ四月十四日には、薩軍に包囲されて陥落の危機にあった熊本鎮台に対し、旧会津藩家老で陸軍中佐となっていた山川浩《やまかわひろし》が別働第二旅団右翼軍を率い、救援第一号として入城することに成功していた。立見尚文と山川浩は、身をもって「朝敵回り持ち」という表現の正しさを証明した形であった。

しかし、長州出身の第二旅団長山田顕義《やまだあきよし》少将は山川浩の武功を認めず、逆に独断専行だと非難する始末。それから九年、明治十九年（一八八六）十二月に浩が陸軍少将に昇進した際には、陸軍中将兼内務大臣であった長州出身の山県有朋《やまがたありとも》が、

「山川は会津ではないか」

と不満をあらわにした、という有名な話がある（今田二郎「山川浩将軍を偲《しの》ぶ」、『会津史談』第五九号）。

これによって陸軍内部には、会津出身者は少将までしか出世させない、という不文律ができあがった。第一次大戦中、徳島の板東俘虜《ばんどうふりょ》収容所の所長としてドイツ人捕虜千名以上に武士の情をもって接し、本邦初のベートーベンの交響曲第九番の演奏を許した松江豊寿《まつえとよひさ》も、この不文律により少将で退役させられた人である（小著『二つの山河』文春文庫）。

さて、このような形で長くつづいた勝ち組と負け組の対立関係を弁証法のいう正と反のぶつかり合いとするならば、これを合という高次の認識へ引き上げることのできる人が一人いた。それが明治天皇。

象徴的なのは、天皇が明治三十五年（一九〇二）十一月、熊本県でおこなわれる特別大演習を統監すべく同県に行幸した際、お召し列車から西南戦争最大の激戦地である田原坂《たばるざか》をご覧じられ、次の御製を詠まれたことである（『明治天皇紀』第十）。

もの丶ふのせめ戦ひし田原坂　松もおい木になりにけるかな

官軍・薩軍の勝敗に触れることなく、あれからもう四半世紀を経た、という感慨を老松に託して詠んだところに、二元論的発想をよく超克した王者の風格がある。実はこの一ヵ月前、明治天皇はなおも貧に喘《あえ》いでいる松平容保の子、松平容大《まつだいらかたはる》子爵に対し、窮乏の状を哀れんで内帑金《ないどきん》三万五千円を下賜していた。

その二年後に開戦する日露戦争において、陸海軍がみごとに健闘することができたのも、この風格ある王者の下で日本人がようやく一致団結することの尊さを知ったためであろう。

なお、夏目漱石は、明治天皇が崩御されたときの思いとして『こゝろ』の「先生」にこう言わせている。

「其時《そのとき》私は明治の精神が天皇に始まつて天皇に終つたやうな気がしました」

幕臭の持ち主だった漱石ですら、ひとつの時代の終焉《しゅうえん》を悲しんだ。そこにこそ明治天皇の心のひろやかさと気品が、明治人に与えた影響の深さが感じ取れるのである。

Ⅲ　新選組はどのようにして誕生したか

新選組の魂のルーツを求めて

多摩は新選組のふるさと

熊本県阿蘇郡には、名水の湧き出す泉が多い。阿蘇山の長い造山活動の結果うまれたこの地方では、雨滴が地層に濾過《ろか》されながら地の底に染《し》みこむのに百年、ふたたび地上へ噴き出してくるのにさらに百年の歳月がかかるという。

このような雨滴と泉との関係は、時に誤解を招きやすいのではあるまいか。ある年の夏に、大雨がつづいたとする。その秋に、泉の水量がふえたとする。すると降雨が湧水となるのに二百年の歳月が必要と知らない者なら、夏の大雨のおかげで泉の水が豊かになったと考えてしまう。留意すべきは、このような浅い解釈によっても、一見現象の説明ができたかに感じられてしまうことだ。

新選組フリークの人々の間でも、新選組隊士たちにはなぜ武州《ぶしゅう》多摩《たま》郡《ごおり》の出身者が多かったかという問題について、右にあげた「夏の大雨」説に類した見解が幅を利かせているように見える。

ある人いわく、多摩は天領（江戸幕府の直轄領）で、昔から徳川贔屓《びいき》の感情が強かったから。また、別のある人いわく、八王子方面には昔から「侍百姓」といわれる武張った気性の持ち主が多かったから。

この程度の分析では、剣道や柔道の試合にたとえれば技の掛け方が不充分で、「一本」とは認められない。

しかし、新選組隊士たちのうちに多摩郡出身者がめだったのは確かなことだ。

局長近藤勇《こんどういさみ》は、同郡上石原村《かみいしわら》（調布市）の豪農宮川家の出。副長土方歳三《ひじかたとしぞう》はおなじく石田村（日野市）の豪農土方家の出であり、一番隊組長に指名された白河脱藩沖田総司《おきたそうじ》の在所も、実は今の立川市のうちにあった（子孫沖田整司氏の直話《じきわ》）。

また、六番隊組長をつとめた井上源三郎《いのうえげんざぶろう》は、日野宿《ひのじゅく》（日野市）に住んでいた八王子千人同心《はちおうじせんにんどうしん》の家の生まれ。平隊士たちに目を移せば、近藤の甥の宮川信吉《みやがわのぶきち》、井上の甥の井上泰助《たいすけ》はむろんのこと、松本捨助《まつもとすてすけ》は本宿村《ほんじゅく》（府中市）の豪農のせがれ、中島登《なかじまのぼり》、横倉甚五郎《よこくらじんごろう》は八王子の出身であった。

「人斬り鍬次郎《くわじろう》」

と呼ばれた大石鍬次郎にも、前職は日野宿の大工だったという説がある。

それにしても、なぜ多摩はかくも多くの新選組隊士を生み出したのか。ここは「夏の大雨」説に惑わされることなく、二百年前に降った雨の滴《しずく》を求める気持で考えてゆこう。

「いざ鎌倉」の時代から

平成十五年（二〇〇三）十一月十八日、火曜日。私は珍しく早起きして朝九時三十分に『オール讀物』編集部の山田憲和君の迎えを受け、山田君の愛車BMWの助手席に収まって寓居《ぐうきょ》のある西東京市から八王子をめざした。八王子から山梨県甲府市に至る甲州街道ぞいの史跡を訪ねることにより、新選組の魂のルーツを分析しようという計画である。

まずは武蔵野市に入ってJR中央線の武蔵境駅付近を通過すると、商店街には新選組の隊旗を模した「誠」の旗が飾られ、

「近藤勇に会える町」

というキャッチフレーズが目についた。

ごぞんじのように来年（二〇〇四）はNHKの大河ドラマが『新選組！』なので、多摩の各市は観光客の誘致に懸命なのだ。

それは土方歳三と井上源三郎の故郷、日野市においてもっとも盛んなのだが、日野の関係史跡はこの十月に上梓した『新選組紀行』（文春新書）に紹介しておいた。そこで今回は、八王子市に元《もと》横山町《よこやまちょう》という町名があることから話をはじめよう。

元横山という地名の語構成は、元・横山である。これは八王子市の成立以前から、横山という地名が存在したことを物語っている。岸井良衛《きしいよしえ》『新修五街道細見』の甲州街道八王子の項には、つぎのような注記がある。

「八木宿・八まん宿・八日市・横山宿・八王子のつゞき宿」

「つゞき宿」とは、軒下を通ってゆけば雨に打たれることもないひとつながりの宿場という意味。横山宿が、江戸時代に甲州街道の整備される以前からあった古い集落だったことが知れる。

では、この横山とはなにかといえば、武蔵七党《しちとう》のひとつ横山党の名が地名に転じたものだ。武蔵七党については、以下の解説を参照されたい。

　平安後期から鎌倉時代、武蔵の同族的武士団の総称。児玉・横山・猪股《いのまた》・丹《たん》・西・私市《きさい》・村山・野与《のよ》・綴《つづき》党などで、七の数え方に出入りがある。各党は姻族もふくむ同族結合により構成され、社会的・軍事的集団として機能していた。（『新版角川日本史辞典』、傍点は中村）

多摩地方には、鎌倉時代に作られた鎌倉街道が無残に分断されながらもまだあちこちに残存している。八王子方面における「武」の伝統は、「いざ鎌倉」ということばがまだ死語ではなかった中世に、横山党によって築かれたものなのだ。

それを声低く語るかのように、元横山町二丁目の妙薬寺《みょうやくじ》には、

「横山塔」

と呼ばれる古い五輪の塔が現存する。これは横山党の者たちが先祖の霊を祀《まつ》ったもので、今度初めて訪れてみると、一般の墓所とは鉄の扉で厳然と隔てられているのが印象的であった。

この横山塔こそが、八王子に「武」の伝統を根づかせた最初の雨滴の痕跡にほかならない。だが、その雨滴を集めて成った地下水脈に、徳川家康《とくがわいえやす》の江戸入りより八年も前にあらたに水を注いだ美しい姫君がいた。

この姫君こそ新選組の前史を考える上でもっとも重要な人なので、つづいてこの人の木像と墓所のある尼寺を訪ねてみよう。場所は八王子市台町《だいまち》三丁目、寺の名は信松院《しんしょういん》という。

余談ながら私は、『保科正之《ほしなまさゆき》』（中公新書）の次作として『保科正之言行録』（同）を書いていた平成八年（一九九六）に信松院を訪れたことがある。しかし、その時は寺の人たちがすべて出払っていて、木像を拝観することができなかった。

それから七年。山田君が信松院に電話で取材の申しこみをしてくれてあったため、この日ようやく私は日本一美しい姫君と信じている人の木像に対面することになった。

その人の名は、武田松姫《たけだまつひめ》。

戦国の世に清和《せいわ》源氏の直系として甲斐国《かいのくに》を治め、信濃《しなの》・駿河《するが》の両国をも併合した驍将《ぎょうしょう》武田信玄《たけだしんげん》の五女として生まれた女性である。その松姫が、なぜ八王子に眠っているのか。そう不思議に思うむきもあるかと思うので、ここで武田家滅亡前後の状況を眺めておきたい。

戦国の世の八王子は、小田原北条氏の領土の一部であったのだが、天正十年（一五八二）三月には、信玄の家督を相続していた武田勝頼《たけだかつより》が織田信長《おだのぶなが》・徳川家康の連合軍に敗れ、武田家が滅亡するという地殻変動が起こった。

このような大変動は、周辺地域にも影響を及ぼす。武田の血を継いだ者たち、ないし遺臣団のうちには、甲州からまだ整備されていなかった甲州街道を逆にたどり、八王子方面へひそかに逃れてきた者たちが少なくなかった。

その中心にいたのが、当時まだ二十二歳の松姫であった。松姫は実兄仁科盛信《にしなもりのぶ》（勝頼の異母弟、信州高遠城《たかとおじょう》にて玉砕）の娘督姫《とくひめ》（三歳）、勝頼の娘貞姫《さだひめ》（四歳）、家老小山田信茂《おやまだのぶしげ》の娘香具姫《かぐひめ》（同）を守り、従者と侍女十数名をつれて月の変わらないうちに八王子宿上恩方《かみおんがた》の金照院《きんしょういん》へ逃げてきたのだ（北島藤次郎《きたじまとうじろう》『武田信玄息女　松姫さま』）。

しかし、懐中は乏しいし、どこからか絶世の美女が流浪してきたと知って求婚にやってくる村人たちがわずらわしい。そこで下恩方《しもおんがた》の心源院《しんげんいん》にひそんだ松姫は、卜山禅師《ぼくざんぜんじ》から得度を受けて出家。信松尼《しんしょうに》と名のり、のちに現在の信松院に移って後半生を生きていった。

このように松姫あらため信松尼は悲劇のヒロインなのだが、この人がいたために武田家の死者たちは菩提《ぼだい》を弔ってもらうことができた。そして遺臣団の一部もまた、八王子とその周辺に土着して生きてゆくことになったのだ。

信松院の鉄の門扉《もんぴ》には、今日も金色の武田家家紋「武田菱《たけだびし》」が打たれ、その門にむかって右側には松姫の逃避行の苦難を思いやって造られたものなのか、小袖に市女笠《いちめがさ》をかむって手に道中杖を持ったその彫像が飾られていた。また、「大雄宝殿《だいゆうほうでん》」

信松尼坐像（信松院）

の扁額《へんがく》を飾った別室に案内していただくと、その正面中央の台座に祀られていたのは、これまで写真でしか見たことのない信松尼の木像であった。きれいに剃った頭の輪郭から、長く細《ほそ》やかな眉と切れ長の瞳、可愛らしい鼻筋から口元まですべて臈《ろう》たけていて、青い法衣《ほうえ》と紫色の袈裟《けさ》がさらに気品を添えている。

その左側には、「信玄公御秘蔵／陣中守本尊《まもりほんぞん》」との解説板のある厨子《ずし》入りの不動明王、および「信玄公／十六歳初陣《ういじん》之《の》像《ぞう》」、「信玄公之真像」、「武田弐拾四将《にじゅうししょう》」の画像も掛軸に表装されて展示されていた。これらは扁額の下に飾られた鞘《さや》に武田菱の紋のある薙刀《なぎなた》や槍とともに、松姫が父の形見、武田家ゆかりの品としてこの地に運んできたものにほかならない。

美しい姫君と征夷大将軍

その後、信松尼の墓所もある信松院の墓域を見学するうち、私は山田君にいった。

「ほら、このお墓の紋も武田菱、あれも武田菱です。八王子に、いかに多く武田家遺臣団が土着したかがわかるでしょう」

結論を先にいえば、これら武田家遺臣団こそが、新選組の大いなるルーツなのだ。だが、信松尼

は女性だけに、

「男武〔猛〕田の人なれば」

と謳《うた》われた甲州武田家の「武」の気概を多摩に深く根づかせるには、やはり為政者たちの介在が不可欠であった。その筆頭にあげるべき人物は、なんといっても家康である。

家康はまだ浜松城を本拠としていた元亀三年（一五七二）十二月、信玄率いる甲軍に大敗を喫したことがあった。いわゆる、遠州三方原《みかたがはら》の戦い。

凡将であれば、おのれ信玄め、と恨み骨髄に徹しただろうが、家康の反応は違っていた。

天正元年（一五七三）四月、信玄の訃報に接した家康は、左のように述懐している。

「われ年若き程より、彼〔信玄〕が如《ごと》くならむとおもひはげ〔励〕むで、益を得し事おほし」（『東照宮御実紀附録』）

家康は信玄を憎んであまりある敵とみなすのではなく、心の師とすることによって一流の戦国大名へと成長していったのだ。そんな家康だったから、武田家滅亡直後に盟友信長が、

「〔武田家遺臣団のうち〕武名ある者は諸将召抱《めしかか》ゆべからず」（湯浅常山《ゆあさじょうざん》『常山紀談』）

と布令した時にもこれを無視。素知らぬ顔で武田家遺臣を多数召しかかえて、譜代の家来と同様に待遇することにした。

佐藤八郎のレポート「武田家遺臣の行方」（『歴史と旅』一九八〇年十月号）によれば、その内訳は侍大将《さむらいだいしょう》十六人、諸武頭《しょぶがしら》・諸役人《しょやくにん》・近習《きんじゅう》七十一人、山県昌景衆《やまがたまさかげしゅう》五十七人、土屋昌続《つちやまさつぐ》・昌恒《まさつね》を寄《より》

親《おや》とする土屋衆七十二人その他、計八百九十五人にものぼる。

関ヶ原の合戦の際、徳川四天王のひとり井伊直政《いいなおまさ》の軍勢は、具足《ぐそく》、旗指物《はたさしもの》から馬具までを赤一色に統一した姿で戦ったため、

「井伊の赤備え」

「井伊の赤鬼」

と呼ばれて西軍諸将から恐れられた。これも家康の命令により、信玄時代から赤備えで知られた山県衆、土屋衆などが井伊軍に配属されていたためにほかならない。

さらに家康は、武田家遺臣団の大量採用から二年後の天正十二年（一五八四）四月、こうも布令した。

「信玄時代出したる軍法の書付《かきつけ》、其他《そのほか》武器、兵具国中へ相触れ取集《とりあつ》め、浜松へ差越《さしこ》すべしとなり、〔略〕且《か》つ直政に附けし武田衆に、信玄時代の事は何に寄らず申述《もうしのべ》候様《そうろうよう》にとの儀にて徳川家の軍法を信玄流にせられけり」（岡谷繁実《おかのやしげざね》『名将言行録』）

家康が採用しなかった武田の軍法はただひとつ、矢に鏃《やじり》をつける時、わざと緩《ゆる》くつけることだったといわれる。刺さったその矢を抜いても鏃が体内に残るのは、あまりに残酷だ、という理由からである。

しかし家康は、その他の軍法のみならず町割りや民政、土木工事にも信玄流（甲州流）を採用したから、のちに江戸幕府へと発展してゆく徳川家の統治のノウハウは、煎じつめれば信玄を手本と

するものだったといってよい。

そのことを念頭に置いて、今度は八王子市小門町《おかどまち》の産千代稲荷《うぶちよいなり》神社へ行ってみよう。この境内には、秋景色のなかに「史跡大久保石見守長安《おおくぼいわみのかみながやす》陣屋跡」碑が建っていた。ここに名前を刻まれた大久保長安が、信松尼につづいて武田家遺臣団と八王子を強固に結びつけた人物なのだ。

この人物は、甲州武田家おかかえの能楽師大蔵太夫《おおくらだゆう》のせがれとして生まれた。天正十年（一五八二）から家康に仕え、小田原北条氏の滅んだ同十八年（一五九〇）八月にその家康が豊臣秀吉《とよとみひでよし》から関八州《かんはっしゅう》を与えられて江戸入りすると、八王子に陣屋を構えて代官頭《だいかんがしら》に就任。もとの主筋の姫君である信松尼の暮らしむきを助ける一方、自分とおなじ武田家遺臣の小人頭《こびとがしら》九人のもとに同心二百五十人を組織し、武州と甲州の国境《くにざかい》の警備や治安維持、江戸防衛の任などにあたらせることにした。

大久保長安の陣屋は敷地面積六町（一万八千坪）に及ぶ広大なものであったが、今日の産千代稲荷神社は、もとは大久保家の邸内社だったといわれている（八王子市教育委員会『歴史と浪漫の散歩道』）。

さて、そこで大久保長安配下の「同心二百五十人」について眺めよう。翌十九年（一五九一）、この組織は頭十人、同心五百人に拡充され、さらに関ヶ原の戦いのあった慶長五年（一六〇〇）には旗本である八王子千人頭のもとに十組各百人、計一千人の規模にあらためられた。

「八王子千人同心」

の成立である。笹間良彦《ささまよしひこ》は、その特徴を左のように要約している。

「武田氏の従卒の家で世襲で八王子に在住し、十組あり、一組百人の同心がおり、千人頭が一人ずつついた。〔略〕同心は三十俵二人扶持《ぶち》であるが、田地を僅《わず》かずつでもあたえられ屯田兵《とんでんへい》式に世襲した。槍は樫《かし》の木一間柄《いっけんえ》の素槍であった」（『江戸幕府役職集成』）

信松院のある台町とはJR中央線で隔てられた西北側に、千人町《せんにんちょう》という地名があるのもこの八王子千人同心に由来する。その東北、追分町《おいわけちょう》で甲州街道とクロスする陣馬《じんば》街道の追分第二歩道橋の近くには、

「八王子千人同心屋敷跡記念碑」

と刻まれた巨大な石碑が建っていた。

さらに幕末の八王子千人頭のひとり石坂弥次右衛門《いしざかやじえもん》の墓のある千人町一丁目の興岳寺《こうがくじ》に立ち寄ってみると、その門扉に飾られている紋も金色の武田菱であった。そればかりか、この寺の本堂の左右に据えられた大きな雨受けの鉢の横腹にも、武田菱が浮き彫りにされている。

このように八王子の史跡を巡ってくると、ここはもともと甲州武田家の領土だったのではないか、と錯覚してしまいそうだ。

強烈な佐幕の思い

八王子千人同心は、時の将軍が日光東照宮に参拝する時にはこれに供奉《ぐぶ》。江戸に大火が起こった

時には内藤新宿まで駆けつけることが許されるなど、身は薄禄の郷士（侍百姓）ながら徳川家譜代の家来のように扱われた。また八王子千人同心は、幕末には講武所奉行《こうぶしょ》、のち陸軍奉行の支配下に入り、文久三年（一八六三）三月以降は十四代将軍家茂《いえもち》の上洛にほとんど親衛隊のような形で同行。一歩早く上京していた近藤・土方たちとも交流し、のちには長州追討戦への出兵、開港地横浜の警備なども担当している。

すなわち八王子千人同心とは、もとをただせば家康に採用された武田の士八百九十五人同様、甲州武田家の尚武の気風を色濃く受けついだ者たちであった。徳川家に拾われただけでも同家への「恩」を痛感したであろうに、譜代の家臣並に扱われたのだから強烈な「佐幕」の意識を育てたのは当然のこと。

すでに見たように、新選組の井上源三郎は八王子千人同心の家の出身であった。実は中島登も初めは八王子千人同心を勤めていたのに、元治《げんじ》元年（一八六四）、つまり池田屋事件のあった年に新選組に入隊した者なのだ。

新選組の精神風土を眺めようとするならば、以上のような歴史的背景をまず頭に入れておかねばならない。

つづいて見ておくべきは、近藤勇を四代目宗家《そうけ》とする天然理心流《てんねんりしんりゅう》剣術と八王子千人同心のかかわりである。

天然理心流の開祖は近藤内蔵之助長裕《こんどうくらのすけながみち》。一流を立てたのは寛政年間（一七八九―一八〇一）初期のことだが、この流派についてのほとんど唯一の研究書、小島政孝《こじままさたか》『武術・天然理心流——新選組の源流を訪ねて』上巻はつぎのように述べている。

「内蔵之助の剣術の道場は、江戸両国薬研堀《やげんぼり》にあったと思われ、ここから足繁げく〔ママ〕武州多摩地方や相州方面に通って天然理心流を教えた」

天然理心流は初代宗家の時代から、八王子千人同心および多摩の豪農層のうちに浸透していたのだ。

同書によると、二代目宗家坂本三助《さかもとさんすけ》あらため近藤三助は多摩郡戸吹村《とぶきむら》（八王子市戸吹町《まち》）の名主の長男。三助の孫の登右衛門《とうえもん》が八王子千人同心となっていることも興味深いが、三助の弟子の三沢《みさわ》蔵六《ぞうろく》は千人同心の増田家に養子入りしており、相弟子の宮岡三八《みやおかさんぱち》も千人同心のひとりであった。

このように眺めてくれば、井上源三郎や中島登が新選組に加盟した背景についてはもはや説明無用であろう。

ちなみに、すでに名前の出た幕末の千人頭石坂弥次右衛門については、さらに一言つけ加えておきたい。

旧幕府軍が新政府軍に大敗を喫した鳥羽伏見の戦いから四カ月後の慶応四年（一八六八）閏《うるう》四月、日光を警備していたかれは土佐の板垣退助《いたがきたいすけ》率いる新政府軍が迫ったと知り、抗戦を諦めて同月十日に八王子へ帰ってきた。ところが、かれは徳川家の恩に背いた者と白眼視され、切腹せざるを得なくなる。その介錯《かいしゃく》をつとめたのは、七十九歳の高齢に達していた老父石坂桓兵衛《いしざかかんべえ》であった。

このような出来事からも、新選組と八王子千人同心に共通する強烈な佐幕の思い、心臆した者に対する仮借《かしゃく》なき処断の伝統を垣間見《かいまみ》ることができる。

ではいよいよ、なぜ新選組は会津藩お預かりとなったのか、という問題を考察してみよう。

新選組の前身、壬生浪士組《みぶろうしぐみ》が発足したのは文久三年（一八六三）三月のこと。創立メンバーはわずか十三人に過ぎず、やがて斎藤一《さいとうはじめ》らが加わってようやく二十四人の所帯となった。

このころ京の治安を守り、かつ関西の大名たちを統括するのは、京都守護職に任じられて前年十二月に上京した会津藩主松平容保《まつだいらかたもり》の職務であった。本陣とされた東山黒谷《くろだに》の金戒光明寺《こんかいこうみょうじ》に屯集《とんしゅう》した京都番の会津藩士は、一千名にのぼっていた。

会津には「会津五流」と総称される剣の流派が伝わっており、その水準の高さは東国一であったと見られる。また会津藩には槍の達人が多いことから、

「槍は東に会津、西に柳河」

という表現もあった。のちに雌雄を決することになる長州藩に宝蔵院流高田派《ほうぞういんりゅうたかだは》の槍術《そうじゅつ》を伝えたのも、槍術日本一といわれた会津藩士志賀小太郎《しがこたろう》であった。

松平容保はこのように武芸達者な藩士たちから選ばれた一千名を従えていた上、京都には京都所司代、二条城在番の幕臣たち、京都町奉行所と伏見奉行所詰めの役人たちなどもいた。だから、いかに尊王攘夷派の「天誅《てんちゅう》」という名のテロルが相次いでいたとはいえ、まだ海のものとも山のものともつかない壬生浪士組二十四人を是が非でも必要とするような切迫した状況には置かれていいな

かったはずである。

というのに容保は、壬生浪士組を会津藩お預かりとすることをためらわなかった。そして、文久三年（一八六三）八月十八日の政変にそろって出動したかれらに「新選組」の名を与えたばかりか、近藤勇、土方歳三らに密命を下して凶暴な芹沢鴨《せりざわかも》を粛清させもした。

近藤が上京前に主宰していた天然理心流の道場の名は試衛館《しえいかん》。要するに容保には、初めから試衛館グループを大いに気に入っていた節が感じられるのだ。それにしてもなぜ会津藩は、多摩出身者が多い試衛館グループにかくも好意的だったのか。

会津魂のルーツ

この問題を解くには、もう一度幕末から二百年以上前に起こったことどもを検証しなければならない。

会津藩の初代藩主保科正之の母は、神尾静《かんのおしず》（あるいは志津）といった。その父は小田原北条家の家臣で、同家の滅亡後に板橋宿郊外に土着。お静は江戸城大奥に奉公して、大姥《おおうば》さまと呼ばれていた二代将軍秀忠《ひでただ》の乳母に仕えるうちに、その秀忠に見初められ、宿下がりして慶長十六年（一六一一）五月、ひそかに正之を産み落としたのだ（小著『名君の碑《いしぶみ》』文春文庫）。

秀忠は正室お江与《えよ》の方の尻に敷かれており、お江与の方は夫の子を孕《はら》んだ女性がいると知れば刺客《しかく》を放つことも辞さない性分であった。ためにお静は宿下がり後も身を隠して産月《うみづき》を待たねばならない運命に置かれたのだが、そのお静に救いの手を差しのべた老尼がいた。

武田信玄の次女として生まれ、一族の穴山信君入道梅雪《あなやまのぶきみばいせつ》に嫁した見性院《けんしょういん》。早くから家康と通じた穴山梅雪は本能寺の変の余波で山賊に殺されてしまったものの、家康は天下を取った後も見性院を大切に扱い、江戸城田安門《たやすもん》内に比丘尼《びくに》屋敷を与えて余生を送らせていた。お静は大姥さまのお使いとして比丘尼屋敷を訪ねたこともあったため、見性院はお静の苦境を見るに見かね、自分の知行地のある武州足立郡《あだちごおり》の大牧《おおまき》村（埼玉県さいたま市）にかくまってやったのである。

そしてこの時、お静の逃避行につきそってくれた者こそ、だれあろう信松尼であった。信松尼は見性院の異母妹にあたり、お静は一時、八王子の信松院に身をひそめたとする説もある。お静の父は小田原北条家の遺臣。家康の江戸入り以前の八王子城は小田原北条家の持ち城だったから、もしこの説が正しければお静が八王子を懐かしむ場面もあったかも知れない。

しかし、無事に生まれた保科正之に、秀忠は幸松《こうまつ》という幼名を与えたにもかかわらず正式に認知しようとはしなかった。そこで見性院は幸松をもらい受け、その姓もずばり武田と改めた。見性院はこの子によって、武田家を再興したいと願ったのだ。

とはいえ、この時代には「男女七歳にして席を同じゅうせず」の教えがある。幸松を信頼できる武門に預けてしっかり育てなければ、と考え直した見性院は、信州高遠《たかとお》二万五千石（のち三万石）の藩主保科正光《ほしなまさみつ》に白羽の矢を立てた。保科家は武田家に属していたころは高遠城主仁科盛信《にしなもりのぶ》の副将格だった家筋で、正光は武田家滅亡からすでに三十五年たったというのに、盆暮れには見性院のもとに贈答品を持ってやってくる律義者《りちぎもの》であった。

こうして幸松は高遠藩保科家に養子入りし、保科正之と名のるのだが、元和《げんな》九年（一六二三）七月、秀忠は大御所となり、三代将軍職にはその長男家光《いえみつ》が就いた。家光はやがて高遠藩主として参勤交代をするようになった正之を自分の異母弟と知り、その知性と品位に安堵《あんど》して高遠藩よりも重要な藩へ転封《てんぽう》させることにした。

寛永十三年（一六三六）七月には出羽山形二十万石へ。同二十年七月には奥州会津二十三万石（実は二十八万石）へ。

この異例の抜擢《ばってき》にひたすら感謝した保科正之は、寛文八年（一六六八）四月一日、「会津藩家《か》訓《きん》」十五カ条を定めた。まだ書いておくべきことが少なくないので条文の紹介は控えざるを得ないが、正之から数えて九代目の会津藩主松平容保は、

「宗家〔徳川家〕と盛衰存亡を倶《とも》に共にすべしとは、藩祖公の遺訓」

と、その内容を要約したことがある（山川浩《やまかわひろし》『京都守護職始末』）。

名君として会津武士道とともに醇乎《じゅんこ》たる佐幕の精神を会津藩に植えつけた正之の思いは、尊攘《そんじょう》激派との対決の矢面《やおもて》に立たざるを得ない京都守護職という困難な役職をあえて引き受けた容保の覚悟に、一直線につながっていたのだ（保科姓から松平姓に変わったのは、三代藩主正容《まさかた》の時代から）。

では会津藩にあって歴代藩主を助けた重臣たちはどのようなメンバーだったかというと、「高遠以来」といわれた人々。むろんこれは、正之が高遠藩主だったころから仕えつづけた家筋、という

意味である。

秀忠の老中だった土井《どい》利勝《としかつ》から、

「近頃、天下には三人の名家老がおる。尾張の成瀬《なるせ》隼人《はやと》、紀州の安藤帯刀《あんどうたてわき》、そして会津の田中三郎《たなかさぶろ》兵衛《べえ》――中でも田中は、その優なるものであろう」（中野義都《なかのよしくに》『会津干城伝《あいづかんじょうでん》』より意訳）

と最大級の讃辞を受けた田中三郎兵衛正玄《まさはる》はその代表格で、甲州武田家家臣として長篠の戦いに討死《うちじに》した田中治部《じぶ》右衛門《えもん》玄儀《はるよし》の孫であった。容保に仕えた家老田中土佐《とさ》玄清《はるきよ》は、その直系の子孫にあたる。

また、やはり家老として容保に仕えた内藤《ないとう》介《すけ》右衛門《えもん》信節《のぶこと》、梶原《かじわら》平馬《へいま》景武《かげたけ》は実の兄弟だが、その祖は信玄・勝頼の武田家二代に仕え、武田二十四将のひとりに数えられたばかりか、

「真ノ副将即チ是《これ》ナラン」（『甲斐国志』）

といわれた内藤修理亮《しゅりのすけ》昌豊《まさとよ》であった。しかも会津若松市の白虎隊記念館に行って内藤介右衛門の肖像画に見入ると、その衣装に打たれた家紋はなんと武田菱ではないか！

秀忠の庶子幸松は見性院から武田家再興の夢を託されて育ち、保科家に養子入りしてからは実際に武田家遺臣たちに士道を教えられて人となったのだ。正之が会津藩の軍法を信玄流と定めたのも、このような関係からのことにほかならない。

さらにいえば、会津戊辰《ぼしん》戦争において新政府軍の前によく立ちはだかり、

「知恵山川、鬼佐川」

と並び称されたふたりの会津藩家老――山川浩と佐川官兵衛《さがわかんべえ》も「高遠以来」の者たちであった。保科家譜代の直臣たちは武田家から見れば陪臣だが、ひろく考えればこれも武田家遺臣の一部である。

　では新選組と会津藩の関係を、このように甲州武田家という補助線を引いて見直すとどうなるか。会津藩の上級家臣団へと変化した武田家遺臣を円弧の上弦にたとえるならば、多摩の八王子方面に土着したその下級武士団は下弦に見立てることができる。会津藩が文久三年（一八六三）三月に上京した新選組の面々――特に試衛館グループを積極的に受け入れたのは、上弦と下弦が互いに惹《ひ》かれあってひとつの完結した円になろうと志向したためではなかったか。

　さらに二点ほど付記すると、保科正之は四女を松姫と名づけている。かれは信松尼の死後も、優しかったその面影を慕いつづけたに違いない。

　また正之は、四代将軍家綱《いえつな》の輔弼《ほひつ》役をつとめていた承応《じょうおう》元年（一六五二）、幕閣の反対を抑えこんで玉川上水の開削を決定し、多摩と江戸との絆《きずな》を強めるのに貢献している。

　これに、近藤勇の菩提寺となる龍源寺《りゅうげんじ》（三鷹市）を家綱が訪ねたこともある事実、八王子千人同心の持ち場のひとつ日光の北の守りは一貫して会津藩が担当していたことなどを考えあわせると、会津藩と多摩が、新選組の誕生のはるか以前から見えざる紐帯《ちゅうたい》によって結ばれていた姿がにわかに浮かび上がってくるのだ。

「甲陽鎮撫隊」うたかたの夢

こうして歴史の縦糸横糸を丹念にほぐしてゆくと、鳥羽伏見の戦いに敗れて江戸へもどった新選組が、一見不可解な行動に走った心理的背景も解き明かすことができる。

慶応四年（一八六八）二月十六日、今は新政府軍に追討される立場となった松平容保は、和戦両様の構えを見せながらも失意のうちに江戸から会津へ去っていった。三月三、四日にはまだ江戸に残留していた会津藩士たちもほとんど帰国の途につくのだが、この時近藤勇の採った策ははなはだ理解に苦しむものであった。

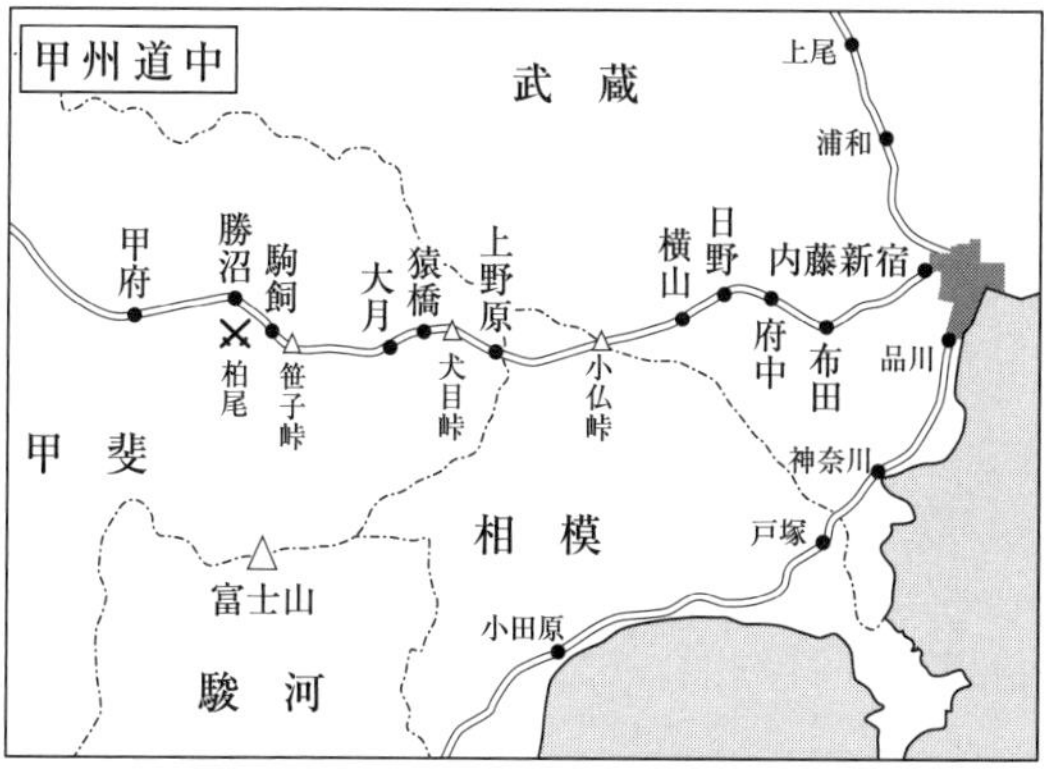

「甲州は昔から要害の地だ。〔略〕いざという場合、勢を合せてここへ立て籠りさえすればいい、五年、十年天下の兵を引き受けるくらい何でもないことだ」（結城禮一郎《ゆうきれいいちろう》『旧幕新撰組の結城無二三《むにぞう》』）

と甲州生まれの結城無二三にいわれてすっかりその気になってしまい、新選組を「甲陽鎮撫隊《こうようちんぶたい》」と改称して甲府城乗っ取りを夢見たのだ。

これはおそらく武田家を真似てか、徳川家も自称していた清和源氏の血を後世に伝えるのは自分たちの役目だ、と考えてのこと。しかも、はしゃいだ近藤は、獲らぬ狸のなんとやらで、隊士たちに大風呂敷をひろげてみせた。

「首尾よく甲州城百万石が手にいらば、隊長は十万石、副長は五万石、副長助勤は各三万石、調《しらべ》役《やく》は一万石ずつ分配しよう」（永倉新八《ながくらしんぱち》『新撰組顚末記』）

戦略的にいうならば、のちに土方歳三、斎藤一たちがそうしたように、会津へ走ってふたたび会津藩とともに戦うのが最善であった。なのになぜ甲州百万石に覇を唱えようなどという悪い夢を見たのかといえば、自分たちのルーツである甲州武田家の故地に三百年ぶりに凱旋するのだ、という思いに舞い上がってしまったからに違いない。

以下、私がそう考える根拠を提示しよう。

まずは、「甲陽鎮撫隊」という名称である。「甲陽」とは甲州の美称だが、一般には信玄・勝頼の事績を記した書物『甲陽軍鑑』の方が馴染み深い。出雲《いずも》出身の福田広《ふくだひろし》が武田観柳斎《たけだかんりゅうさい》と変名して新選組に入り、甲州流軍学を修めた者として近藤に気に入られたこともあったところをみると、近藤は「甲陽」ということばに一種恋着していたようだ。

つづいては、甲州出発にあたってなぜ近藤が大久保剛、土方が内藤隼人と名を変えたのか、という問題である。

天然理心流→八王子千人同心→代官頭大久保長安と連想すればおわかりのように、近藤はみずからを武田家遺臣大久保長安ゆかりの者と称したかったのであろう。

土方の内藤隼人の隼人とは、父も名のった通称だから考察はしない。内藤の姓は内藤新宿を支配していた信州高遠藩内藤家から拝借した可能性もあるにせよ、武田家の「真ノ副将」といわれた内藤修理亮昌豊から取ったと見た方がよいかも知れない。土方も「副長」であったし、その諱《いみな》義豊《よしとよ》は昌豊と一字違いではないか。

それにしても、いったん舞い上がってしまった者というのは、どうしようもない。

三月一日に江戸を出発した甲陽鎮撫隊は、その日はなんと日本橋から二里の内藤新宿までしか進まなかった。宿場中の遊女を総揚げして、前祝いをやらかしたのだ。

二日も、五里二十三町先の府中までしかいかなかった。ここにある六所宮《ろくしょぐう》（大国魂神社《おおくにたま》）は、かつて近藤が天然理心流四代目宗家襲名記念の野試合をおこなったところで、その夜近藤たちはやはり遊女たちを総揚げして遊び痴《し》れたものであった（小著『新選組全史　幕末・京都編』角川文庫）。大名並の長棒引戸《ながぼうひきど》の駕籠《かご》に乗るといういくさ仕度とはとても思えない姿でやってきた近藤以下は、この日も痴戯に耽《ふけ》った可能性がなくもない。

さらに三日も甲陽鎮撫隊は牛の涎《よだれ》がのたくるような歩みで二里八町しかゆかず、日野宿の名主佐《さ》藤彦五郎《とうひこごろう》宅泊まり。書いていても苛々《いらいら》してしまうが、彦五郎は近藤と義兄弟の契りを結ぶ新選組のスポンサーであり、土方の姉おのぶの夫でもあった。当然、大宴会が始まり、下戸の近藤も「グイグイ呑《の》んだ」（佐藤昱《さとうあきら》『聞きがき新選組』）。

土方は土方で、おのぶにこう話しかけた。

「姉さんしばらくでした。私もあっちでは随分面白かったが、また、あぶないことがありました。マー今度は大分出世した訳《わけ》だ。これから先ですか、それは恁麼《どう》なりますか」（同）

労咳《ろうがい》（結核）を病んでいた沖田総司は、四日に出発する前に玄関先で四股《しこ》を踏んでから告げた。

「池田屋で斬《きり》巻《ま》くった時は可成《かな》り疲れましたが、まだまだこの通りです」（同）

一行は、五日にようやく甲府へ六里の駒飼《こまかい》へ到着。

しかし、新政府軍は四日のうちに全軍甲府入りし、この日にはすでに甲府勤番の旧幕臣たちから甲府城の受け取りを済ませてしまっていた。内藤新宿における遊女の総揚げと日野での大宴会が、結果として甲陽鎮撫隊の自殺行為となったのだ。

なお、この甲府入りに際して土佐藩出身の新政府軍参謀乾退助《いぬいたいすけ》は、家伝にもとづいて板垣退助と改姓し、板垣信形《のぶかた》の子孫であることをあきらかにして民情の安定に努めている。板垣信形とは信玄の初政を支えた家老だから、近藤の大久保姓、土方の内藤姓よりも甲州人にとっては格上に響く。この点でも板垣退助の方が、近藤、土方より役者が一枚上であった。

剣客集団の殻から脱皮できず

さて今日、甲州街道をひたすら西へ進んでゆくと、新笹子《しんささご》トンネルの先に三つ短いトンネルがあり、旧勝沼宿より二キロ手前の柏尾《かしお》に入る（山梨県甲州市勝沼町）。

柏尾の入口には日川《ひかわ》が左右に流れているので、柏尾橋が架けられていた。今は鉄筋コンクリート製になっているこの橋の、当時の幅は三間（五・五メートル）、長さは十九間（三十四・五メートル）。

慶応四年（一八六八）三月六日、援軍を呼ぶため土方を日野へ向かわせた近藤は、柏尾橋の東詰めまできて新政府軍がすでに勝沼まで進出しているのを知り、街道右側の東神願《ひがしじんが》鳥居跡に四斤山《しきん》砲二門を据えてその後背地を本陣とした。新政府軍八百五十に対し、初め二百人以上いた甲陽鎮撫隊からは脱落者が相次いで、近藤の馬丁《ばてい》までふくめて百二十一人しかいなくなっている。

それでもなんとか持久戦に持ちこもうとした近藤たちに対し、土佐出身の新政府軍大軍監谷干城《たにたてき》は三方向からの速攻を仕掛けた。今日、柏尾橋の東詰めには右手に大刀をつかんで頭には鉢金《はちがね》を巻いた「近藤勇之像」が建っているが、その台座背後に刻まれた解説板「柏尾の古戦場」にはつぎのようにある。

〔冒頭三行省略〕甲府城占拠を目指す幕府軍は先に甲府入城を果たした官軍を迎え撃つため、勝沼宿に二カ所の柵門、柏尾の深沢左岸東神願に砲台を設け備えたが、甲州街道、岩崎方面、菱山越の三手に別れ、攻撃を加えた官軍の前に敗れ敢《あ》え無く敗走した。

この戦いは、甲州に於《お》ける戊辰戦争唯一の戦いであり、甲州人に江戸幕府の崩壊を伝えた。町内にはこの戦いで戦死した三人の墓が残されており、このほかに両軍が使用した砲弾が三個伝えられている。

この文面には記されていないが、甲陽鎮撫隊の戦い方はあまりにお粗末なものでしかなかった。まず隊士たちは元ごめライフル式のスナイドル銃の装弾法がわからず、椎《しい》の実《み》型の弾丸を前後反対にこめてしまう者がいた。その銃を鹵獲《ろかく》した谷干城は、

「玉を誤りてヘチコチ〔あべこべ〕に込めたり」（『東征私記』）

と失笑気味に書いている。

また四斤山砲にしても砲弾そのものを爆裂させる口火に点火することなく、推進火薬だけ詰めて発射したから、「丸《たま》はみんな前の山へすぽりすぽりと打ち込まれ破裂も何もしなかった」（『旧幕新撰組の結城無二三』）。

柏尾橋の勝沼寄りには、本堂（薬師堂）が国宝に指定されている柏尾山大善寺《だいぜんじ》がある。この古刹《こさつ》に銃砲火にさらされたという伝承がまったくないのは、砲弾がここまで届かなかったためとしか考えられない。たった二、三百メートルの距離というのに。

これでは勝てるわけもない。新選組が長州の奇兵隊《きへいたい》のような洋式軍隊ではなく、もはや過去のものとなりつつある剣客集団の殻からついに脱皮できなかったことを、この事実が厳然とあらわしている。

つぎに柏尾橋の東詰めから北にのびる支道を少しゆくと、その右側のすでに収穫期をおえた葡萄畑のなかに、甲陽鎮撫隊に加わっていた会津藩士柴田《しばた》八郎《はちろう》謙吉の小さな墓があった。「有春山□□居士」と刻まれた戒名も二字判読できなくなっているが、その前には山吹色のマリーゴールドの花

が供えられていた。

この会津藩士もあるいは甲州武田家ゆかりの者で、あえて主君容保と会津へ帰国するのをやめて近藤に協力したのかも知れない。私はその年齢や身分を知りたく思い、帰宅後、会津弔霊義会《あいづちょうれいぎかい》編『戊辰殉難追悼録』所収の「戊辰殉難名簿」をめくってみた。しかし、同藩戦死者三千十四人に、柴田八郎謙吉はふくまれていなかった。

山田君と私は甲府市まで足を伸ばして、甲府城と信玄の居館だった躑躅ヶ崎館《つつじがさきかん》も訪ねてみた。甲府城の石垣上の高みには、なぜか上半身裸のおじさんがいて、かなたの空を見上げている。

「あの雲のむこうに、富士山が見えるよ」

乾布《かんぷ》摩擦をはじめたおじさんに教えられて南の空を眺めると、たしかに富士の山頂を望むことができた。これは、近藤がついに瞳に映せなかった景色である。

さらに躑躅ヶ崎館へ立ち寄ると、ここは武田神社になっていて七五三の親子づれでにぎわっていた。この館のうちには松姫の住んでいた「新館《にいたち》」という建物もあったはずだが、その敷地略図には書かれていないのが惜しまれた。

旅の最後に私たちは、笹子峠を経る旧甲州街道に道を取ることにした。これは松姫一行と甲陽鎮撫隊の両者の逃亡ルートだからだ。

それにしても、鶴瀬《つるせ》、駒飼の宿場を過ぎ、紅葉の笹子峠に向かう街道は、想像以上の難路であった。東方に屹立《きつりつ》する滝子山《たきごやま》は標高千五百九十メートル。その西の鞍部《あんぶ》笹子峠はおなじく千九十六メートルの高みにあり、切り立った崖に視界が十数メートルしかない羊腸《ようちょう》の道が打ちつづく。車は最新のカーナビつきのBMW、山田君は運転上手なのでよもやとは思ったが、あまりにヘアピンカーブが連続し、助手席にいても頭が左右に振られて目がまわり出す。今、対向車がきたらアウトという場面が幾度もあり、山田君も時にうわっと叫ぶのには驚いた。

だが考えてみると、甲陽鎮撫隊はこの難路を大砲を引いて越えたと思ったら新政府軍に鎧袖《がいしゅう》一触《いっしょく》されてしまい、おなじ道をこけつ転《まろ》びつ逃げ帰る羽目になったのである。永倉新八、原田左之助《はらださのすけ》、島田魁《しまださきがけ》ら古参の隊士たちが近藤の指導力に見切りをつけることにした理由も、このスリリングなドライブで充分に納得することができた。

かれらに愛想を尽かされてしまった近藤は、土方とともに下総流山《しもうさながれやま》に転陣したものの、四月四日に新政府軍に囲まれて万事休した。同月二十五日、板橋の刑場にて斬。享年三十五。

こういっては近藤に気の毒かも知れないが、京を去ってからのちの行動は故郷に錦を飾ることに重きを置き過ぎ、あまりにも締まらないものとなった。

こんな結末をNHKがどう見せてくれるのか、ちょっと楽しみではあるけれど。

付記　本稿を発表してから十三年後の平成二十八年（二〇一六）、筆者は長編小説『疾風に折れぬ花あり――信玄息女松姫の一生』（PHP研究所）を上梓することができました（二〇二〇年、上下二分冊とし、中公文庫に収録）。

新選組隊士の帯刀事情

壬生浪士組から新選組へ

武家社会において主家への出仕を許されるのは、原則として長男のみ。次男以下は「部屋住み」と呼ばれ、役職にも俸給にも無縁な生涯を送るケースが珍しくなかった。

これでは人材が育たない。そう考えて次男以下でも才気ある者は登用する、と決めたひとりに、会津藩家老田中玄宰《たなかはるなか》がいた。

天明七年（一七八七）、軍制改革をおこなって当時最新の長沼流《ながぬまりゅう》兵法を採用した玄宰は、中軍（藩主のいる本陣）に詰めるべき「新撰組」三十人を「諸芸秀俊ノ子弟」であれば次男以下からも選ぶことにした（小川渉《おがわわたる》『志ぐれ草紙』）。

ただし、文久二年（一八六二）暮れに会津藩九代藩主松平容保《まつだいらかたもり》がその中軍一千を率いて京都守護職として上京したとき、この組は休眠状態になっていた。明けて文久三年（一八六三）八月十八日、会津藩が薩摩藩と同盟して長州藩士を京から追放するのに協力した芹沢鴨《せりざわかも》以下の壬生浪士組《みぶろうしぐみ》に、容保が新選組という部隊名の使用を許したのもそんな背景からである。

芹沢鴨たちのグループはやがて粛清され、新選組が局長近藤勇《こんどういさみ》、副長土方歳三《ひじかたとしぞう》の統括するところになったことは周知の通り。のちに彰義隊《しょうぎたい》副頭取となる天野八郎《あまのはちろう》、一橋家《ひとつばしけ》家臣から幕臣に登用される渋沢栄一《しぶさわえいいち》らも本《もと》をただせば農民だが、勇と歳三の共通点は、多摩の豪農の部屋住みの出であったことだ。

というのになぜこのふたりが武によって立とうと思ったのか、という謎を解くには、ふたつの視点からアプローチする必要があろう。

ひとつは天正十年（一五八二）に武田勝頼《たけだかつより》が織田信長《おだのぶなが》・徳川家康《とくがわいえやす》連合軍に攻められて滅亡した直後、信玄《しんげん》の末娘松姫《まつひめ》とそれを守る武田家遺臣団が八王子に移住。信玄を尊敬していた家康がこの者たちを八王子千人同心《はちおうじせんにんどうしん》に採用し、国境《くにざかい》の警備に用いたこと。

もうひとつは、こうして多摩の農民層にも武張った気分が浸透するうちに幕末となり、同地方に押し借り強盗の類が出没するようになったため、その農民たちのうちに自衛武術を身につけたい、という考えが強く芽生えたことである。

免許取得に十年かかった天然理心流

天然理心流《てんねんりしんりゅう》四代目宗家《そうけ》となっていた近藤勇の試衛館《しえいかん》道場の位置は、牛込柳町《うしごめやなぎちょう》の甲良屋敷地面《こうらやしきじめん》内《ない》（新宿区市谷柳町二十五）。土方歳三は上京前、その師範代をつとめており、ともに多摩地方へはよく出かけた。日野宿《ひのじゅく》の名主佐藤彦五郎《さとうひこごろう》（歳三の姉のぶの夫）、小野路《おのじ》村の小島鹿之助《こじましかのすけ》（勇・彦五郎の義兄弟）らの世話になり、レッスンプロとして日銭を稼ぐためである。

柄《つか》の異様に太い木刀をつかんでの型稽古、兜《かぶと》の前立《まえだて》のように額《ひたい》に土器《かわらけ》の皿を立てて野原で集団で戦い、皿が割れたら戦死とみなされる模擬戦などは、野良仕事の際に蛇をつかまえると蛇飯にしてしまう多摩人の荒い気性に合ったらしく、井上松五郎《いのうえまつごろう》・源三郎《げんざぶろう》兄弟など八王子千人同心のせがれたちからも入門者が相次いだ。

ただし、天然理心流の剣術の免許を取得するのは容易なことではなかった。同流では上達の度合いを切紙《きりがみ》→目録→中極位《ちゅうごくい》→免許とランク分けするが、勇の先輩で千人同心たちに同流を伝えた増《ま》田蔵六《すだぞうろく》の弟子十五人の免許取得までの年数は、平均して十年六カ月（小島政孝《こじままさたか》『武術・天然理心流――新選組の源流を訪ねて』上）。すぐに免状をもらって故郷に錦を飾る、というわけにはとてもゆかない厳格な査定なのだ。

対して地方から江戸へ剣術修業のためやってくる留学生たちに、もっとも人気があったのは北辰《ほくしん》一刀流《いっとうりゅう》であろう。千葉周作《ちばしゅうさく》が神田お玉ヶ池にひらいた道場玄武館《げんぶかん》はよく栄え、その門弟は生涯に三千人。弟の定吉《さだきち》は京橋桶町《おけちょう》に道場をひらいて「桶町千葉」「小千葉《こちば》」などと呼ばれ、坂本龍馬《さかもとりょうま》はこちらに学んだ。また、玄武館四天王のひとり森要蔵《もりようぞう》は麻布永坂に道場を持って門弟八百人を抱え、深川佐賀町《さがちょう》ではやがて新選組参謀となる伊東甲子太郎《いとうかしたろう》も同流を教えていた。

北辰一刀流がかくも隆盛を極めた理由としては、源流の小野派一刀流《おのはいっとうりゅう》が技量を八段階に区分したのに対し、同流では初目録→中目録→大目録皆伝のわずか三ランクに単純化されていたことが指摘できる。三ランクをクリアするだけで修業を終わることができるなら、稽古料、謝礼金、宿代も安くあげられる。

そこへもってきて北辰一刀流は、自動車教習所の合宿免許ではないが、弟子たちへの速成指導を心掛けていた。私がかつて調べた土佐藩士は森要蔵道場に入門してから一年後に帰国していたが、まさか初目録をもらっただけでは帰国しにくかったから、一年間で少なくとも中目録までは行ったのであろう。

龍馬の場合は嘉永六年（一八五三）三月に桶町千葉に入門、通算約三年で皆伝を受けている。当時の剣士の留学期間は三年が一般的だったようだから、この速成指導こそ同流の「商売上手」の秘訣だったのかも知れない。

勇の愛した名刀、長曽祢虎徹

さて、天然理心流が実戦の感覚を重んじたことは集団の野試合をよくおこなったことから知れるのであり、元治《げんじ》元年（一八六四）六月五日、近藤勇と養子の周平《しゅうへい》、永倉新八《ながくらしんぱち》、沖田総司《おきたそうじ》、藤堂平助《とうどうへいすけ》のわずか五人が尊攘《そんじょう》激派二十余名の集結する池田屋へ乗り込み、土方歳三らが到着するまで持ちこたえることができたのも実戦的稽古を積んでいた成果と考えられる。

興味深いのは、勇が荒木又右衛門《あらきまたえもん》の伊賀上野鍵屋《かぎや》の辻《つじ》の仇《あだ》討ちの実戦例に深く学んでいたことだ。

このとき又右衛門は伊賀守金道《いがのかみかねみち》二尺八寸五分の長刀を折ってしまったが、二尺二寸五分もの長さのある脇差《わきざし》を佩用《はいよう》していたため、これによって戦いをつづけることができた。

その勇は、同年十月二十日、佐藤彦五郎宛に送った書状の中で、池田屋へ向かった際には二尺三寸五分の脇差を差して長刀が折れた場合に備えていたと述懐し、歳三の刀についても報じている。歳三の大刀は和泉守兼定《いずみのかみかねさだ》二尺八寸、脇差は堀川国広《ほりかわくにひろ》一尺九寸五分（子母澤寛《しもざわかん》『新選組遺聞』）。

ここに記述のない勇使用の大刀については、のちに佐藤彦五郎のせがれ源之助《げんのすけ》（俊宣《としのぶ》）が勇からじかに聞いたところとして、

「虎徹《こてつ》はさすがなもので、刃はぼろぼろに欠けたが、鞘《さや》へ納めたらいつもと少しも変ったところがなくすうーっと入った」（同）

と語ったという。

虎徹とは長曽祢虎徹《ながそねこてつ》が鍛えた刀という意味だが、昔から勇の虎徹については偽物だった、いや本物だった、無銘だった、いや在銘だったと議論があって、今もって結論が出ていない。その諸説のあらましを『新選組遺聞』の当該個所を要約することによって示しておこう。

①隊士の斎藤一《さいとうはじめ》（のちの藤田五郎《ふじたごろう》）が夜見世で三両で買いもとめ、勇に所望されて譲った、という無銘の虎徹説。

②勇が徳川家から下賜された在銘の虎徹だ、とする金子堅太郎《かねこけんたろう》の説。

③江戸四谷の刀匠山浦清麿《やまうらきよまろ》の作に偽銘作りの職人が虎徹の銘を入れた偽物を、勇がそうとは知らず自身で買いもとめた、とする説。
④大坂の鴻池《こうのいけ》家に入った賊を斬ったお礼として同家からもらった虎徹だ、とする説。

②の虎徹は長さ二尺八寸、新選組が鳥羽伏見の戦いに敗れて東帰した際、勇が支払うべき費用の代わりとして品川で本陣を営む中村源兵衛《なかむらげんべえ》に与えたものが、大日本帝国憲法起草者のひとり金子堅太郎の所有するところとなった。関東大震災の火災で焼身《やけみ》になったものの、打ち直させると見事な姿がよみがえったそうだ。

令和二年（二〇二〇）六月八日、当時の所有者がこの刀をあるオークションに出品すべく鑑定を受けたところ、長曽祢虎徹興正《おきまさ》（二代目）の銘を入れた贋作とされた。しかし、約九十五万円で落札されたという。

勇の虎徹好きは有名で、

「今宵《こよい》の虎徹は血に飢えている」

という名せりふさえ作られたほどだけに、虎徹にまつわる伝承も多彩となったようだ。

池田屋事件に話をもどすと、壬生《みぶ》の屯所《とんしょ》へ帰った直後、勇は戦闘に参加した隊士たちが使用した刀をすべて検分し、個々の活躍の度合いをチェックした。臆病風に吹かれて後方にいた者の刀には血脂《ちあぶら》による曇りがなく、斬り合いをした者のそれは曇ったり曲がったり折れたりする。

検分結果は満足できるものだったらしく、勇自身も松平容保《まつだいらかたもり》から初代陸奥大掾《むつだいじょう》三善長道《みよしながみち》の最《さい》上大業物《じょうおおわざもの》の刀を一口《ひとふり》下賜された。これは会津のお国鍛治の鍛えた切れ味抜群の刀で、「会津虎徹」と呼ばれることもあった。容保は勇の虎徹好きを知っていたからこそ、あえて会津虎徹を与えたのかも知れない。

ちなみに勇は三善長道がいたく気に入ったようで、慶応三年（一八六七）春には在京の会津藩士山本覚馬《やまもとかくま》を経由して新作二口《ふたふり》を注文。同年九月に会津から上京した藩士永岡家の父子が十一月十五日にこれを勇に届けると、勇は酒をふるまって歓談は夜に及んだ、と永岡清治《ながおかせいじ》の回想録『旧夢会津白虎隊』にある。

なおこの日は坂本龍馬と中岡慎太郎《なかおかしんたろう》が近江屋《おうみや》に斬られた当日であり、同書の記述は新選組がこの暗殺事件に関与していなかったことを間接的に証明している。

三善長道と和泉守兼定は会津の二大刀匠で、歳三は会津藩からもらったのか後者を複数所有していた。二尺八寸の一口《ひとふり》を持っていたことはすでに触れたが、現在、日野市の土方歳三資料館に展示されているのは二尺二寸三分の作である。

歳三が少年隊士に託した形見の愛刀

では、新選組隊士たちはどんな刀を使うことが多かったのか。新選組の「金銀出入帳」（谷春《たにはる》雄《お》・林栄太郎《はやしえいたろう》『新選組隊士遺聞』所収）によって慶応三年（一八六七）から翌年にかけての刀剣への支出を見てゆくと左のようになる。

十一月二十九日　十六両、刀身二本
二月八日　八両、佐藤安次郎、刀代
同十五日　四十三両、大小七本
同十六日　十両、岸嶋芳太郎、脇差代
同十八日　七十五両三分、刀五本、脇差三本

十両より高い刀は一切購入されていないように見える。おそらく刀は消耗品とみなして、江戸時代に入ってから鍛えられた新刀、幕末になってからできた新々刀（当時の現代刀）から、値の張らないものを選んで購入したのであろう。

ふたたび会津のお国鍛冶の話にもどると、新々刀に属する三善長道（十代目）、和泉守兼定（十一代目）に対し、新々刀として大和守《やまとのかみ》源《みなもとの》秀国《ひでくに》という銘を切る刀匠もいた。私はまだ見学していないが、日野市の井上源三郎資料館には勇が源三郎の兄松五郎に贈った大和守秀国が一口《ひとふり》所蔵され、京都の霊山《りょうぜん》歴史館にも歳三の所蔵した同銘の一口があるという。

また、町田市の小島資料館には山南敬介《やまなみけいすけ》が実戦に用いた赤心沖光《せきしんおきみつ》の絵があるという。刀疵《かたなきず》が四カ所も残る迫力ある折れた刀の絵だそうだから、これもいずれ見にゆかねばなるまい。

さらに付言すると、土方歳三資料館の和泉守兼定は、箱館五稜郭《ごりょうかく》を本庁としていた蝦夷島《えぞしま》政府（総裁・榎本武揚《えのもとたけあき》）に最期のときが迫った明治二年（一八六九）五月、死を覚悟した歳三が少年隊士市村鉄之助《いちむらてつのすけ》に持たせ、形見として佐藤彦五郎のもとへ届けさせた一口《ひとふり》である。鉄之助はその後三年ほど佐藤家に滞在してから故郷の大垣に帰ったが、西南戦争が起こると薩軍に加わって戦死したとの伝承が残る。

鉄之助は五稜郭で歳三とともに討死《うちじに》する覚悟であったが、歳三は少年を道連れにするのは不憫《ふびん》と思い、佐藤家への愛刀の運び役を命じることによって生き延びさせることにした。それを無念に感じたのであろう、鉄之助は歳三の死の八年後、その跡を慕うかのようにやはり討死におわる人生を選択したのである。

剣に生きた者の肉体は滅びても、刀剣は後世の人に受け継がれることが珍しくない。残された刀剣には刀剣談がつきものだが、その刀剣談には右のような哀話もふくまれるのだ。

Ⅳ　幕末維新の足音

幕末への出発点「尊号一件」と松平定信

幕末は嘉永六年（一八五三）六月のペリー来航に始まる、と思っている人は少なくない。高校で日本史を担当する教師たちも、大老井伊直弼《いいなおすけ》が孝明《こうめい》天皇の勅許《ちょっきょ》を得ずに日米修好通商条約に調印したことから世論が佐幕＝開国派と尊王攘夷《そんのうじょうい》＝再鎖国派に分裂し、幕末動乱の時代になった、と教える。

これは半ば正しく、半ば誤っている論理だ。高校レベルの日本史では、寛政年間（一七八九―一八〇一）に起こった朝廷と幕府の角逐《かくちく》「尊号《そんごう》一件」については教えない。そのためこの一件によって朝幕両者の間に回復しがたい亀裂が走り、それが佐幕派vs.尊王派の争いの源流となった、という史実が無視されてしまっているのだ。

と枕を振って「尊号一件」あるいは「尊号事件」と呼ばれた件を眺めると、発端は孝明天皇より二代前の光格《こうかく》天皇が、実の父閑院宮典仁親王《かんいんのみやすけひと》に太上《だいじょう》天皇の尊号を宣下《せんげ》して孝心を示したい、と考えたことにはじまる。寛政元年（一七八九）、天皇の内意を伝えられた老中首座松平定信《まつだいらさだのぶ》をリーダーとする幕閣は、皇位についたことのない実の父親への尊号宣下は名分を乱す、として天皇に再考を促すことに決定。時の十一代将軍徳川家斉《とくがわいえなり》もこれを了承した（徳富猪一郎《とくとみいいちろう》『近世日本国民史24　松平定信時代』）。

しかし、これより前の天明八年（一七八八）四月、天皇は議奏《ぎそう》の中山愛親《なかやまなるちか》（権大納言《ごんのだいなごん》）に、天皇の実の父であるが即位したことなく太上天皇の尊号を受けた例が複数あることを調べさせていた。

承久《じょうきゅう》三年（一二二一）、鎌倉幕府の意向によって茂仁《ゆたひと》親王が即位。後堀河《ごほりかわ》天皇となると、出家していたその父守貞《もりさだ》親王（高倉《たかくら》天皇の第二皇子）が太上天皇の尊号を受け、後高倉院《ごたかくらいん》と称して院政をおこなった例。正長《しょうちょう》元年（一四二八）、彦仁《ひこひと》親王が即位して後花園《ごはなぞの》天皇となると、やはり出家していたその父貞成《さだふさ》親王（伏見宮栄仁《ふしみのみやよしひと》親王の第二皇子）が太上天皇の尊号を受け、後崇光院《ごすこういん》と称した例。

知性豊かな松平定信なら、これらの前例があることを知っていたに違いない。というのにこれらの前例をあえて無視することにしたのは、将軍家斉が徳川御三卿《ごさんきょう》のひとつ一橋家《ひとつばしけ》の出であったことと関係する、とするのが定説だ。天皇の父が皇位についたことがなくとも太上天皇になれるのであれば、家斉の実の父一橋治済《はるさだ》は大御所として江戸城西《にし》の丸《まる》の主《あるじ》になれることになってしまってあまりに具合が悪い、と定信は考えたというのだ。

老中連署の再考要求書が京都所司代経由で朝廷へ送られたのは、寛政元年（一七八九）十一月十九日のこと。並行して定信は関白鷹司輔平《たかつかさすけひら》に私信を送り、余計なことをいった。

――いにしえの仲哀《ちゅうあい》天皇は日本武尊《やまとたけるのみこと》（第十二代景行《けいこう》天皇の皇子）の第二子であり、第十三代成《せい》務天皇《む》に跡継ぎがいなかったため即位した、といわれている。日本武尊は九州の熊襲《くまそ》を平定し東国の蝦夷《えみし》を討った英雄だが、仲哀天皇はその父に尊号も贈らなかったし、死してから追尊もしなかった。なぜかといえば、尊の字がすなわち尊号だったからだ。

この意見に輔平が反論、当時まだ尊号ということばはなかったのでは、と指摘すると定信も再反論。やりとりは次第に論争と化し、寛政三年（一七九一）四月二十二日、輔平は定信に新たな史実を示した。

——平安時代の三条《さんじょう》天皇の第一皇子敦明《あつあきら》親王は、一度立太子されながら権力者藤原道長《ふじわらのみちなが》の意向によって廃太子とされた。それでも院号を受けて小一条院《こいちじょういん》と号し、太上天皇に準ずる待遇を受けて封戸《ふご》を与えられた。小一条院に尊号宣下はなかったようだが、典仁親王ももう高齢なので、小一条院と同様の待遇を与えてはいただけまいか。

定信は承諾し、典仁親王には千石が加増された。これで一件落着となれば、朝廷側が名を棄てて実を取ったことになる。

しかし、光格天皇はまだ満足しなかった。寛政三年（一七九一）十二月、関白一条輝良《いちじょうてるよし》以下、参議以上四十人の公卿たちに尊号宣下あるべきや否やを群議せよ、と命令したところ、関白をふくむ三十五人が賛成。三人が態度を明らかにせず、不可としたのは鷹司輔平、政熙《まさひろ》父子の二人のみであり、賛成派のリーダー格は中山愛親と武家伝奏《ぶけてんそう》の広橋伊光《ひろはしこれみつ》（前大納言）であった。

愛親と伊光が十一月上旬までに尊号を宣下されたし、と所司代へ強気に申し入れたのは、家康《いえやす》・

秀忠《ひでただ》・家光《いえみつ》のいわゆる徳川三代の時代と違って幕府は衰微しつつあると見て朝廷の権威の回復を願いはじめていたからだ。

対して定信は、「尊号宣下御無用」と回答。寛政五年（一七九三）三月、関係者の処罰を断行した。中山愛親は御役御免の上、閉門五十日。その実弟で武家伝奏の正親町公明《おおぎまちきんあき》は、御役御免の上、逼塞《ひっそく》三十日。おなじく万里小路政房《までのこうじまさふさ》は、御役御免の上、差控《さしひかえ》。広橋伊光ほか二名は差控。

特に愛親はその後も厳しく監視され、隠居同然の身に追いやられた。この愛親から四代目の中山家当主が忠能《ただやす》で、その七男忠光《ただみつ》は文久三年（一八六三）、尊王討幕の軍を起こすべく大和五条で武装蜂起（天誅組《てんちゅうぐみ》の変）。忠能は元治《げんじ》元年（一八六四）の禁門《きんもん》の変に際しては御所に押し寄せた長州軍を支持し、その後は岩倉具視《いわくらともみ》らと語らって長州藩主父子に対する官位復旧の密勅《みっちょく》、薩長両藩主に対する討幕の密勅を偽造するなどして武力討幕と王政復古のために暗躍した。

松平定信の尊号一件への誤った判断が朝廷を怒らせ、それがペリー来航以前に討幕＝王政復古思想を芽吹かせて幕末を到来させたのである。

「ぶらかし老中」阿部正弘は名宰相か

今日の首相に相当する江戸幕府の役職は、老中首座である。

嘉永六年（一八五三）六月にペリーが来航した時の老中首座は、備後《びんご》福山藩十一万石の藩主阿部《あべ》正弘《まさひろ》。その名がひろく世に知られたきっかけは、寺社奉行の職にあった天保十二年（一八四一）十月、大御所家斉《いえなり》（十一代将軍、同年一月死亡）に巧みに取り入る一方、女犯《にょぼん》の罪をたびたび犯していた妖僧日啓《にっけい》とその妻妙栄《みょうえい》、せがれ日尚《にっしょう》を一斉に捕縛し、家斉の腐敗した大御所政治を過去のものとしたことにあった。

この手腕を高く評価された正弘は、天保十四年（一八四三）、時の老中首座水野忠邦《みずのただくに》が天保の改革に失敗して失脚するや、二十五歳の若さで老中に昇進。その二年後には早くも老中首座に指名されたのだから、この頃の正弘がエリートコースを驀進《ばくしん》していたことは確かだ。

では、ペリーの再来航を受けて鎖国政策を捨て、開国に舵《かじ》を切る前後の正弘は、寺社奉行時代の切れ味を持ちつづけていたのであろうか。

この問題について私見を述べる前に、最近ある人からもらって卒読した半藤一利《はんどうかずとし》・出口治明《でぐちはるあき》両氏の対談集『明治維新とは何だったのか――世界史から考える』の阿部正弘評を見ておこう。半藤一利氏は、正弘が開国に舵を切ったことを「外圧に対抗するために自己改革に取り組んだ」として高く評価。あわせて勝海舟《かつかいしゅう》、大久保忠寛《おおくぼただひろ》（一翁《いちおう》）、高島秋帆《たかしましゅうはん》などの開明派を登用したことにももっと光を当てたい、とする。

出口治明氏はより一層正弘を高く評価する見解の持ち主らしく、次のように言い切っている。

「明治維新の「開国」「富国」「強兵」というグランドデザインを描き、そのための準備に着手した阿部正弘は、明治維新の最大の功労者のひとりではないでしょうか」

こう眺めてくると、阿部正弘はみごとな見識によって国難の時代をよく超克した不世出の名宰相であったかのようである。

しかし、右のような見解は私にはあまりに浅く感じられてならない。それは半藤・出口コンビが阿部正弘政権の「功」を語りはすれ、「罪《ざい》」の部分を見落としているからだ。

正弘は決して剛毅《ごうき》果断なるタイプではなく、国際情勢にもまったく通じていなかった。だから弘化元年（一八四四）以降オランダ国王が何度も開国を促してきても、その助言に従う気は一切なかった（浜野章吉《はまのしょうきち》編『懐旧紀事《かいきゅうきじ》――阿部伊勢守事蹟』）。オランダ国王がペリー来航の近いことを教えてくれても、何の対策も講じなかった。

ペリーが浦賀に来航した、と浦賀奉行戸田氏栄《とだうじよし》が報じてから、あわてて老中仲間の越後長岡藩主牧野忠雅《まきのただまさ》と善後策を協議した、というのが真相だから、正弘は危機管理能力に欠けるという大きな「罪」を持った首相だったのだ。

かれの当初のペリー対策は、開国要求には確答を与えず、その間に江戸湾防衛のため台場の建造を急ぐというどっちつかずのもので、のらりくらりと危機をやり過ごそうとばかりしている政策は「ぶらかし策」と批判された。この「ぶらかし策」に言及しない阿部正弘論は、それこそ結論をぶらかす議論でしかない。

しかも、今日の首相が閣僚たちを選べるように、老中首座は独自のブレインを指名できる。ここでも正弘は人選を誤り、幕府海防参与という特別職に指名したのは水戸藩前藩主徳川斉昭《とくがわなりあき》という最悪の人物だった。

「水戸の御隠居」と呼ばれていたこの人物については文章スケッチをしたことがあるので、以下それを引く。

「側室が少なくとも九人いて、子供の数は何と三十七人。文政十二年(一八二九)、三十歳にして水戸藩主になると社寺の整理、梵鐘《ぼんしょう》仏具の没収、神仏分離などを強行し、水戸東照宮の運営にも口を出そうとした。

東照宮とは東照大権現《とうしょうだいごんげん》という神となった徳川家康《とくがわいえやす》を祀《まつ》る場所だけに、ここから幕閣は斉昭の監視を開始。天保十五年(一八四四)五月、ついに隠居謹慎を命じた」(小著『幕末史かく流れゆく』中央公論新社)

正弘はとかく独断専行する癖《へき》のある「水戸の御隠居」を復権させるという、人事上の大ミスを犯したのだ。開国止むなしとした正弘とガチガチの尊王攘夷《そんのうじょうい》論者（再鎖国論者）の斉昭が、対立するのに時間はかからなかった。

「あの方は、まるで獅子だ。獅子は毬《まり》で遊ぶもの。多少金がかかっても仕方がない」

と正弘が斉昭の軍艦建造を皮肉ると、斉昭はぶらかし老中を「瓢箪《ひょうたん》なまず」と呼ぶようになった（『懐旧紀事』ほか）。むろんこれは、つかみどころのない男、という意味である。

嘉永七年（一八五四）二月、阿部正弘政権が下田・箱館を開港して日米和親条約を締結するや、斉昭が海防参与を辞任したのは腹癒《はらい》せ以外の何物でもなかった。

しかも、「水戸の御隠居」はしぶとい。京都の宮家や堂上公卿《とうしょうくぎょう》たちと縁戚関係にあることを利用し、尊王攘夷と再鎖国こそ日本国のめざすべき道だとあちこちに入説《にゅうぜい》。にわかに持ち上げられた天皇と堂上公卿たちも耳に快い尊攘論に洗脳され、何かと幕府に対抗しようとしたため、ついに幕末は政局が混迷を深める一方の時代となっていった。

その時代相の舞台裏で暗躍したのが、西の長州藩尊攘激派と東の「水戸の御隠居」だったのだ。その「水戸の御隠居」を虎を野に放つがごとく復権させてしまったことも、正弘の大きな「罪」のひとつ。

こう見てくると、阿部正弘＝名宰相論は世迷い言《ごと》に近いのではないか。

孝明天皇が幕府に威丈高だった背景は

慶長二十年（一六一五）五月に宿敵淀殿《よどどの》・豊臣秀頼《とよとみひでより》母子を滅ぼした大御所徳川家康《とくがわいえやす》は、二代将軍秀忠《ひでただ》とともに上洛すると、七月十三日、合戦の時代がおわったことを記念して元和《げんな》と改元。十七日には「禁中 并《きんちゅうならびに》公家諸法度《くげしょはっと》」全十七条を定めて皇室・公家・門跡などへの統制を強化した。

その第一条の冒頭にいう。

「天子御芸能の事。第一御学問なり」（『台徳院殿御実紀《たいとくいんでんごじっき》』、原文は白文）

天皇は学問だけしていればよいというわけで、天皇家と文武百官の収入は合わせても三万石と弱小大名並でしかなかった。

関白以下の殿上人《てんじょうびと》たちが習字の手本を書いて小銭を稼いだり、出入りの商人たちに借金証文をわたしたりする時代がやってきたのである。しかも京の米価は上がる一方で、この年には一石につき銀二十五〜五十匁《もんめ》だったものが、ペリー来航のあった嘉永六年（一八五三）には百十七匁以上になっていた（「近世米価一覧」、『日本史総覧』Ⅳ所収）。それでも「禁中并公家諸法度」は改訂されなかったから、皇室や公家の貧困の度合いは深刻化する一方だった。

しかし、弘化三年（一八四六）二月に即位した孝明《こうめい》天皇は、安政五年（一八五八）六月に幕府が日米修好通商条約に調印する前から妙に態度を硬化。老中首座・外国御用取扱《とりあつかい》の堀田正睦《ほったまさよし》（下総《しもうさ》佐倉藩主）が条約調印の勅許《ちょっきょ》を求めて上京してきても、頑として勅許を与えなかった。

そこで幕府の大老に指名された井伊直弼《いいなおすけ》（彦根藩主）が、無勅許調印を断行したことは周知の事実。それにしても孝明天皇は、いかに異人嫌いとはいえ、なぜここまで幕府に対して威丈高《いたけだか》にふるまうことができたのか。それを考えるには、極端な攘夷《じょうい》思想の持ち主だった水戸藩前藩主徳川斉昭《とくがわなりあき》の言動を頭に入れておく必要があろう。

「水戸の御隠居」斉昭は、ペリーが来航するや領内の諸寺の鐘を鋳つぶし、青銅砲七十五門と球形の砲弾を造って七十四門までを幕府に献上した。これがいわゆる「毀鐘鋳砲《きしょうちゅうほう》」。ために斉昭は寺々から総すかんを喰ってしまったが、「水戸の御隠居」はこんなことで懲りるタマではない。堀田正睦の前の老中首座阿部正弘《あべまさひろ》（備後《びんご》福山藩主、安政四年六月、三十九歳の若さで急死）から幕府海防参与に任じられると、またしても持ち出したのが毀鐘鋳砲。

ただし今回は、朝廷を巻きこむ策となっている事に御隠居なりの工夫があった。水戸藩の歴代当主は公家や宮家の女《むすめ》を正室とし、斉昭夫人は有栖川宮織仁《ありすがわのみやおりひと》親王の姫君登美宮《とみのみや》である。斉昭はこれらのルートを頼って全国規模の毀鐘鋳砲策を朝廷に奏上し、朝命を拝してから、すなわち勅許を得てから幕府が実行すれば問題ない、と主張したのだ。

阿部正弘がこの話に乗ると、頼られた孝明天皇も悪い気はしないし、元からの攘夷論者だから反対はしなかった。そこで、朝幕両者はこの策を採用することに決定。安政二年（一八五五）三月三日、幕府は阿部正弘の名によって発令した。

「海岸防禦《ぼうぎょ》の為《ため》。此度《このたび》諸国寺院の梵鐘。本寺の外《ほか》。古来の名器。及び当節《とうせつ》時の鐘に相用い候分相除《よ》け。其《その》余は大砲小銃に鋳換《いか》えるべきの旨。京都より仰せ進《まい》らせられ候。海防の儀。専《もっぱ》ら御世話これ有る折柄。叡慮の趣。深く御感戴遊ばされ候事に候間。一同厚く相心得。海防筋の儀弥《いよいよ》相励むべき旨仰せ出され候」（『温恭院殿《おんきょういんでん》御実紀《ごじっき》』、読み下しと傍点は中村）

傍点を付したのは、阿部正弘政権が孝明天皇の権威を借りて物をいっている部分である。

ではこの幕命はどうなったのかというと、全国の僧たちの反対の大合唱に遭い、ついに実行されることなくおわった。

これは幕権、すなわち幕府の権威が地に墜《お》ちたことをよく示す事態であった。

一方、朝権すなわち朝廷の権威は失われて久しかったが、右の文書で孝明天皇の「叡慮」がもっとも重んじられたことから、朝権はにわかに回復された形になった。

これによって幕権と朝権は相対立する概念へと育っていったが、「水戸の御隠居」の鼓吹した尊王攘夷論が幕末の流行思想となるにつれて、朝権は強まる一方となり、幕権は衰えつづけた。その結果、孝明天皇は日米修好通商条約の調印に勅許を与えない、という前代未聞の行為に及ぶのである。

尊王攘夷論は、そう深みのある思想ではない。しかし、この思想が武力討幕論へと進化する一方で岩倉具視《いわくらともみ》の発案になる王政復古論とも合体し、さながら「双頭の蛇」のような姿を呈したとき、幕末はいよいよ最終のステージを迎えるのであった。

イギリス人リチャードソンはなぜ斬られたか

江戸時代に街道の宿場と宿場の間にあり、駕籠《かご》かきや馬子《まご》たちが休息した所を「立場《たてば》」といった。その茶店で出される立場料理に杓文字《しゃもじ》に味噌を塗りつけたものなどがあったのは、利用者が力仕事に従事する男たちで、常に塩分を補給する必要に駆られていたためだろう。

東海道の川崎宿と神奈川宿の間にあった生麦《なまむぎ》村も、立場のあることで知られた。薩摩藩国父《こくふ》島津久光《しまづひさみつ》に供奉《ぐぶ》する四百余人の大名行列が、江戸からこの地へ上ってきたのは文久二年（一八六二）八月二十一日の午後二時頃のこと。すると正面の神奈川の方角からは、騎乗したイギリス人男性三人、女性一人がやってきた。

上海在留商人リチャードソン、香港在留商人の妻ボロデール、横浜在留の生糸商マーシャル、おなじく横浜のハード商会員クラーク。リチャードソンは観光のため横浜に来ており、この日は四人で川崎大師を見物するつもりでいた。

神奈川宿で騎乗し、川崎へ馬首を向けてからの街道上の人の流れについては、クラークの証言がある。

「途中で、いずれも二本刀や、時には槍で武装した二、三人の家来に守られた・いくつかの駕籠《かご》とすれ違った。駕籠と従士達は、ずっと続いていたが、みだれた行列で、ところどころ間隔があいていた。彼らが通り過ぎる時には、われわれはゆっくりした足どりで馬を歩ませ、人の通らない行列の切れ目では、駆け足をした。この状態が神奈川から川崎までの道路の三マイル半から四マイル〔五・六〜六・四キロ〕ぐらい続いた」（J・R・ブラック『ヤング・ジャパン』1、ねず・まさし他訳）

その後からは「道の両側に一列縦隊に並んだ百名位の武士が先行する・整然とした行列」（同）がやってきた。

クラークとマーシャルは「ずっと道路の端近くを並足で進み、ついに行列の中心部に達した」。「ボロデール夫人とリチャードソン氏は十ヤード〔九・一メートル〕ばかり前方にいて、リチャードソン氏はボロデール夫人の反対側を進んでいた」

島津久光の供侍たちが身振り手振りで下がれと伝えても、リチャードソンは「お前らこそ下がれ」とばかりに馬首を向けてくる。この無礼に怒った供頭《ともがしら》の奈良原喜左衛門《ならはらきざえもん》は、野太刀自顕流《のだちじげんりゅう》の達人である。両袖から腕を抜き、上体をあらわにして馬体左側面に駆け寄るや、跳躍してリチャードソンの左鎖骨下から脇腹にかけて逆袈裟胴《ぎゃくけさどう》の荒技を一閃《いっせん》。次に迫った久木村利休《くきむらとしやす》も、同一の太刀筋を見せた。

ついでマーシャルも久木村に左腹部を斬られ、かれと馬を並走させていたクラークも左肩から肩甲骨にかけて重傷を負った。

その間にリチャードソンは、十町先で落馬。やはり供頭の有村俊斎《ありむらしゅんさい》（のちの海江田信義《かえだのぶよし》）により、止《とど》めを刺された。

これが有名な「生麦事件」だが、なぜリチャードソンはボロデールと馬を並走させるのではなく、道の反対側を行ったのか。

その謎は、一八七五年（明治八年）にアメリカ人E・H・ハウスの書いたパンフレットによって明らかになったとして、ブラックは前掲書に事件直後のボロデールの証言を記載している。

「自分は何度もリチャードソンに、もっと注意して振舞うように頼んだが、自分の忠告に一顧も与えず、威嚇《いかく》の目くばせや身振りをも意に介しないで、行列を組んだ人々の間や列外へ馬を乗り入れた」

リチャードソンはボロデールに注意されるのをうるさく思い、道の反対側へ移って難に遭ったようだ。

それにしても日本には、貴人の列に出会った者は馬や駕籠から下りるという作法があり、来日した欧米人はいずれもこの作法に従っていた。しかるに、なぜリチャードソンはこの作法を無視したのか。

事件発生直前、クラークはかれに「進むな、わき道へ廻れ」といい、マーシャルも「後生だから、騒ぎを起さないように」と声をかけていた（同）。ところがリチャードソンは、こう答えた。

「放っといてくれ、私は中国に十四年間いて、こんな奴らを扱う道を心得ているよ」（同）

明らかにこの人物には、東洋人を蔑視するという悪しき傾向があった。

この点に関して、E・H・ハウスはこう書いたという。

「リチャードソン氏は長い間住んでいた中国で、中国人との商売では、暴力をふるう点で、かなり悪評高い人物と、いわれていたことを述べておく必要がある。途中で恐らく出会う日本人の性質をよく理解している方の二人ではなく、一行のうちで、このリチャードソンが、ボロデール夫人とともに先に立っていたのは不運だった」（同）

万延元年（一八六〇）十二月五日にアメリカ公使館の通弁官ヒュースケンが尊攘激派に斬殺された時、幕府は衝撃を受けてその老母に一万ドルを贈った。対して今回イギリス代理公使ニールが幕府に求めたのは、賠償金十万ポンドと遺族養育費一万ポンド、合わせて十一万ポンド（四十四万ドル＝三十三万両）。

こうして幕府の赤字体質は、さらに昂進《こうしん》していったのである。

「天誅組」を「天忠組」とする欺瞞

「天誅《てんちゅう》」あるいは「天に代わりてこれを誅す」という表現が流行《はや》りことばのようになっていた、文久三年（一八六三）八月十七日七つ刻《どき》（午後四時頃）のことである。南大和の西北、千早峠《ちはやとうげ》から五条の町にあらわれた不逞浪士《ふていろうし》七、八十人は、役人が十四人しかいない五条代官所に白刃《はくじん》を閃《ひらめ》かせて乱入。代官の鈴木源内《すずきげんない》ほか四人を斬殺し、たまたま療治に呼ばれていた按摩《あんま》の嘉吉まで斬り捨てた。

あけて十八日、この浪士たちは五条を天皇家の直轄地と宣言。今年の年貢は半減とすると布告したため、地元民は五条代官所襲撃事件を尊攘激派《そんじょうげきは》（過激な尊王攘夷派）による天誅と理解し、浪士たちを「天誅組」と呼びはじめた。

その主将は、堂上公卿中山忠能《とうしょうくぎょうなかやまただやす》（明治天皇の外祖父）の七男忠光《ただみつ》十九歳。総裁は土佐藩郷士吉村《よしむら》虎太郎《とらたろう》、岡山脱藩藤本鉄石《ふじもとてっせき》、刈谷藩士で隻眼《せきがん》の松本奎堂《まつもとけいどう》の三名。かれらは孝明《こうめい》天皇がいずれ攘夷親征の軍を起こしたらその魁《さきがけ》となろうと気早く決意し、この行為に及んだのだ。

しかし、その八月十八日には公武合体派の会津藩、薩摩藩ほかと中川宮朝彦親王《なかがわのみやあさひこ》が手を結んで宮廷クーデターを敢行（八・一八政変）、三条実美《さんじょうさねとみ》ら尊攘激派の七卿《しちきょう》と在京長州藩士は洛外《らくがい》へ追放された。並行して幕府が天誅組追討を開始したのは、天誅とはテロそのものなのだから当然である。天誅組の領袖たちは、以下のような末路をたどった。吉村虎太郎は追討軍の津藩の兵から銃撃され、九月二十七日に討死《うちじに》。藤本鉄石は和歌山藩の陣営に斬りこんで闘死。松本奎堂は戦闘で両眼失明し、自刃。対して中山忠光は奇跡的に窮地を脱出したあと、長州藩領へ逃亡することに成功した。

だが、幕府の隠密がその潜伏先に出没するため、忠光は各地を転々。下関で本陣を営む白石正一郎《しらいししょういちろう》方に滞在していた間には、侍女として召し出された恩地与兵衛《おんちよへえ》の娘登美《とみ》と男女の仲になった。露骨にいえば長州藩が忠光に登美を引き合わせたのは、あなたは幕府のお尋ね者なのだからこの娘に酒でも注《つ》がせておとなしくしていてくれ、といいたかったのであろう。忠光は若いだけに、もう一度蜂起《ほうき》しようと願っていたのだ。

その忠光にとっては不幸なことに、元治《げんじ》元年（一八六四）に長州からの遠征軍が御所に突入して公武合体派諸藩と交戦した禁門《きんもん》の変は、長州側が大敗北。天下の賊軍と名指された長州藩内には椋梨藤太《むくなしとうた》の保守派政権が誕生し、禁門の変を指揮した三家老の首を幕府に差し出すなど恭順策を採った。

こうなると、「幕府のお尋ね者」中山忠光は荷厄介《にやっかい》な存在に過ぎなくなる。藩庁は、ひそかに忠光を始末することに決定。長州の支藩長府藩の福山吉兵衛《ふくやまきちべえ》、佐野庄右衛門《さのしょうえもん》、近木伊右衛門《ちかきいえもん》、内田《うちだ》与三郎《よさぶろう》、高田吉兵衛《たかだきちべえ》の剣の達人五人に松村良太郎《まつむらりょうたろう》、三浦市太郎《みうらいちたろう》を添え、豊浦郡《とよらごおり》田耕村《たすき》郊外、太田《おおた》新右衛門《しんえもん》方に潜伏中の忠光を狙わせることにした。

十一月十五日の初更《しょこう》（午後七時頃から九時頃まで）、庄屋山田幸八《やまだこうはち》が来訪し、危険が迫ったと忠光に告げた。近くの四恩寺《しおんじ》に移ることにした忠光が幸八の提灯《ちょうちん》に足元を照らし出されながら山道をゆくと、幸八は不意に逃げ出してしまう。漆黒の闇の中に取り残された忠光は、何者かに棍棒で足を払われ、崖下の枯れ田へ転落。跳びかかった刺客《しかく》七人と格闘したものの、まもなく組み伏せられ、七人の体重によって「圧殺」された。

刺客たちが刀剣を用いる手段を選ばなかったのは、孝明天皇に典侍《てんじ》として仕える中山慶子《なかやまよしこ》（明治天皇の母）の弟を血を見る形で殺《あや》め奉るのは畏《おそ》れ多い、という感覚である。

大変な尊王ものだが、このとき登美は懐妊中で、慶応元年（一八六五）五月十日に女児を出産。この娘は仲子《なかこ》と名づけられ、長州藩世子《せいし》（のち山口藩知事）毛利元徳《もうりもとのり》がこれを養育。明治八年（一八七五）八月、十一歳にして母登美とともに上京して中山忠能邸に入り、長じて嵯峨公勝《さがきんとう》侯爵に嫁いだ。

本稿は正親町季董《おおぎまちすえただ》『天忠組の主将中山忠光』（一九三一年）等を参看しながら書いており、季董の父公董《きんただ》は中山忠能の長男だから、忠光は季董にとっては叔父に当たる。

しかし、「天誅組」を「天忠組」と表記するこの題名には問題がある。

天誅ということばは、尊攘激派のテロリストが佐幕派を斬るときの掛け声としても用いられた。

だから「天誅組」という表現も血塗られたイメージを免れがたいし、実際に忠光たちは鈴木代官以下の六人を問答無用で斬殺している。というのにこれを「天忠組」と表記しては六人斬殺が天皇への忠義からおこなわれた行為だったかのようなニュアンスばかりが強調されることになり、私はまったく感心しない。

歴史家の中には偽史を語る者も稀《まれ》にいるが、偽史は右に見たような文字の書き替えからはじまることもあるのだ。

「禁門の変」か「蛤御門の変」か

わが国で発生した歴史的大事件に名称をつけるに際しては、発生した年の干支《かんし》ないし起こった土地の名にもとづくことが多い。天武元年（六七二）に勃発した「壬申《じんしん》の乱」や明治維新を決定づけた「戊辰《ぼしん》戦争」という名称は、その年の干支を使ったケース。「桶狭間《おけはざま》の戦い」や「関ヶ原の合戦」は、戦場の地名からこう名づけられた。

対して歴史的事件の名称が、複数あってともに後世に伝えられる場合もある。元治《げんじ》元年（一八六四）七月十九日、長州藩が出動させた遠征軍が京都の御所へ押し寄せ、諸門を守る公武合体派諸藩の兵力すなわち官軍と交戦した戦いがその例である。この本格的戦争は元治元年が甲子《かっし》の年であったことから「元治甲子の変」（『日本史広辞典』）と呼ばれるケースもあれば、「禁門《きんもん》の変」あるいは「蛤《はまぐり》御門《ごもん》の変」といわれることもある。

しかしこの年は多事多難であって、三月には水戸天狗党《てんぐとう》が筑波に挙兵。六月には新選組が池田屋事件を起こし、八月には英米仏蘭四国《しこく》連合艦隊が下関の長州藩砲台をすべて破壊する下関戦争を戦った。「元治甲子の変」というとこれらもふくまれてしまいそうなので、七月十九日の戦争を右の名称で語る歴史家は今は少なくなっている。

では、高校の日本史ではこの戦いをどう教えているのか。そう思って、すでに独立した子供たちが家に残していった教科書を見ると、実教出版『高校日本史　三訂版』は「禁門の変」に一本化しているが、山川出版社『新詳説日本史』は「禁門の変、または蛤御門の変」と、両論併記の筆法を採っていた。それにしても「禁門の変」と「蛤御門の変」というふたつの表現のうち、真実により近いのはどちらであろうか。

禁門とは禁裏（御所）の門の総称であり、蛤御門とはその内の西側ほぼ中央にひらいたひとつの門の名称である。蛤御門の守備を引き受けていたのは、京都守護職松平容保《まつだいらかたもり》の率いる会津兵。長州人がもっとも憎んでいた敵は容保であったから、諸門でいえば蛤御門の周辺が最大の激戦地と化し、会津藩戦死者数は三十二人と、公武合体派諸藩中最多となった（会津弔霊義会《あいづちょうれいぎかい》編『戊辰殉難追悼録』）。そこから会津人には、この戦いを「蛤御門の変」と呼ぶ者が多くなった。

なお、この頃の松平容保は孝明《こうめい》天皇からもっとも信頼されていた武人であり、お前だけが頼りだ、という意味合いの宸翰《しんかん》を授けられたことさえある。容保や会津藩士はこれに感激し、宸翰というだけで最高の敬語表現だというのに「御宸翰」と呼んだ。この感覚と七・一九の戦いを「蛤御門の変」とする感覚は同一だから、「蛤御門の変」という表現には会津兵が自分たちの持ち場で起こった激戦について語ったところ、というニュアンスが感じ取れる。

対してこの戦い全体を俯瞰《ふかん》的に記述すると、たとえば左のようになるであろう。
「世にいう「禁門の変」は、〔略〕福岡藩の守る中立売門《なかだちうりもん》、会津藩の蛤門、越前藩の堺町門《さかいまちもん》が争奪地点と化し、大砲の撃ちこまれた蛤門には桑名・薩摩の兵力も来援した。〔略〕長州兵はいずれの禁門も奪えず、中立売門内の烏丸《からすまる》邸と日野邸、堺町門内の鷹司《たかつかさ》邸に入りこんだ兵力も敗走。〔略〕その間に烏丸辺や河原町の長州藩邸から出た火は下京《しもぎょう》を中心に燃えひろがり、約二万八千戸を焼き尽くした」（小著『幕末史かく流れゆく』中央公論新社）

長州兵は禁門はひとつも占拠できなくても、御所内に侵入することには成功して戦いを続行。さればこそ、二百六十五人にのぼる戦死者を出して敗走したのだ。この点に注目すれば、「蛤御門の変」よりも「禁門の変」と表現した方がより真実に近い。日本語の名詞は単数形も複数形もおなじという単複同形のことばが多いが、この場合の禁門は複数形で、蛤門のほかに中立売門、堺町門などもふくむと考えられるからだ。

このような発想によるのだろう、『国史大辞典』などは「禁門の変」の項目を立て、「蛤御門の変」には「⇒禁門の変」という指示記号をつけている。

まことに正しい判断ではあるが、私がかねがね奇怪に思っているのは、末松謙澄《すえまつけんちょう》『防長回天史』がこの戦いを「蛤門ノ変」と表記していることだ。同書が幕末維新期の長州藩毛利家の立場を弁護しつつ正当性を主張する、という目的で執筆された史書であることに注目すれば、長州藩が仇敵会津藩とおなじく「禁門」ではなく「蛤門」（蛤御門に非ず）にこだわる謎はすぐに解ける。

最終的に戊辰戦争の勝者となり、最大の藩閥となった長州藩としては、かつては御所に大砲を撃ちかけ、諸門の内を血で汚した賊軍だったではないか、といわれるのが一番嫌なことだった。だが「蛤門ノ変」と戦場を特定してしまえば、長州兵が烏丸邸、日野邸、鷹司邸に侵入してまで戦った事実は、この名称からはうかがえなくなる。

伊藤博文《いとうひろぶみ》の女婿《じょせい》である末松謙澄があえて「禁門の変」と書かなかったのは、大犯罪を小さな事件に見せたがる雇われ弁護士の発想に似ていないだろうか。

新選組と新徴組と別選組と

会津藩松平家が、それまで採用してきた河陽流《かようりゅう》の軍制を廃し、長沼流《ながぬまりゅう》兵学によって藩兵を訓練しはじめたのは天明八年（一七八八）のことである。畳の上の水練そのものだった河陽流に対し、長沼流兵学においては藩士三千を三陣十二の備え組に分かち、その備え組のそれぞれに騎馬武者、徒《かち》武者と同数の鉄砲・弓・槍足軽が配属されたため機動力が大いに高まった。

しかし、兵とは実戦をおこなえば死傷する存在だから、平素から予備兵力を育成しておいた方がいいのは自明なこと。そこで会津藩ではまだ家を相続していない藩士の子弟たちから弓馬刀槍《きゅうばとうそう》に秀でた者を選び、中軍（藩主のいる本陣）詰めの者とすることにした。

「新撰組　三十人　諸芸秀俊ノ子弟」（小川渉《おがわわたる》『志ぐれ草紙』）

とあるのがこの者たちのことだといえば、ハハアと思う人もおいでだろう。

文久二年（一八六二）に幕府が江戸で募集した佐幕派浪士たちは上京し、芹沢鴨《せりざわかも》、近藤勇《こんどういさみ》、土方《ひじかた》歳三《としぞう》ら二十四人が文久三年（一八六三）八月十八日の政変の際には会津藩に協力して出動。藩主松《まつ》平容保《だいらかたもり》からその行動力を評価され、当時休眠状態にあった新選（撰）組という部隊名を与えられる光栄に浴した。

この新選組の母胎となったグループと訣別《けつべつ》し、同年四月に江戸にもどった浪士隊は新徴組《しんちょうぐみ》と呼ばれ、江戸の市中見廻りに当たることになった。新徴組はのちには庄内藩酒井家に編入されるので、佐幕派の市中見廻り役としては、西に会津藩預かりの新選組、東に庄内藩配下の新徴組が並び立ったことになる。

ちなみに新選組とは新たに選（撰）ばれた組という意味、新徴組とは新たに徴募された組という意味で、双子のような組織である。違う点といえば新選組が池田屋事件、禁門《きんもん》の変、そして鳥羽伏見の戦いにも参戦して名を上げたのに対し、新徴組は慶応三年（一八六七）十二月二十五日に幕府が薩摩藩邸を焼き討ちした事件に加勢した程度の働きしかなかったことか。

ところが京都守護職として公武合体に尽力する松平容保に仕える京都番会津藩士一千の間からは、新選組の活躍に刺激を受けてのことだろう、藩士たちのうちに別選組という部隊を組織しよう、との声が澎湃《ほうはい》として起こった。その隊長に推されたのは、慶応二年（一八六六）六月頃に上京した禄高三百石、足軽組頭《くみがしら》（侍大将）の佐川官兵衛《さがわかんべえ》（のち家老）である。

別選組は、武士の表芸とされる弓馬刀槍四芸のうち少なくとも二芸の免許を得ている者しか参加を許されない藩主直属の最精鋭部隊で、隊士数は約四十名（小著『鬼官兵衛烈風録』日経文芸文庫）。

参加条件の共通性、隊士数が近いことなどから見て、別選組はかつて会津藩の軍制の中に存在した新選組の後身だった、と考えられる。上京してきた佐幕派浪士組に新選組の名称を与えてしまっていたため、また別に選んだ者たちから成る部隊、という意味で別選組という隊名が生まれたのだ。

この別選組が実戦を経験したのは、すでに王政復古と決まり、薩長芸《さっちょうげい》三藩の兵力一万二千八百が入京していた慶応三年（一八六七）十二月十一日暮れ六つ（午後六時頃）のこと。二条城から隊士六人が市中見廻りに出かけて釜座通下立売《かまんざどおりしもたちうり》下ルの京都守護職御添《おそえ》屋敷に近づいた時、薩摩兵六人と斬り合いになったのだ。この斬り合いでは佐川官兵衛の弟の又四郎《またしろう》が斬死《きりじに》し、薩摩側では村田新《むらたしん》八《ぱち》が負傷した。

翌十二日、前将軍徳川慶喜《とくがわよしのぶ》と旧幕府軍、会津・桑名両藩の将兵らは大坂城への大移動に踏み切ったが、数日後に所用で心斎橋筋に出向いた別選組隊士三人——高津仲三郎《たかつちゅうざぶろう》、片桐八郎《かたぎりはちろう》、北原三郎《きたはらさぶろう》は、おなじく薩摩藩士三人と鉢合わせし、高津が揖宿郷左衛門《いぶせきごうざえもん》と名のった赤毛布をマント代わりにしている大男を斬り倒した。

慶応四年（一八六八）一月三日に勃発した鳥羽伏見の戦いにあっては、別選組は会津藩の藩校京都日新館《にっしんかん》の学生たちの諸生組、江戸留学組から成る書生隊とともに官兵衛の指揮により、よく最前線で戦った。その後、江戸から会津へ兵を引いた会津藩は部隊を年齢別に編制し直したため、別選組も解散となった。

しかし、それから九年、明治十年（一八七七）二月に西南戦争が勃発。三月四日から、

「雨は降る降る／陣羽《じんば》は濡れる／越すに越されぬ／田原坂《たばるざか》」（「田原坂」）

と歌われた田原坂争奪戦がはじまると、戦争特派員犬養毅《いぬかいつよし》の「戦地直報」（『郵便報知新聞』）に左のような文章があらわれた。

「十四日、田原坂の役、我軍進んで賊の堡《とりで》に迫り、殆《ほとん》ど之《これ》を抜かんとするに当り、残兵十三人固守して退かず。其時《そのとき》故会津藩某（巡査隊の中《うち》）身を挺して奮闘し、直《ただち》に賊十三人を斬る。其闘ふ時大《たい》声呼《せいよばわ》つて曰《いわ》く、戊辰の復讎、戊辰の復讎と。／是《これ》は少々小説家言の様《よう》なれども、決して虚説に非ず、此会人《このかいじん》は少々手負《ておい》しと言ふ」

この旧会津藩士とは、当時千葉県警察署長をしていた加藤寛六郎《かとうかんろくろう》のことではないか、と猪苗代町屈指の郷土史家だった故塩谷七重郎《しおやしちじゅうろう》氏はいっていた。加藤寛六郎は元別選組隊士だから、薩軍十三人を一気に斬ったこの戦いは、実は腕達者をそろえた別選組が最後に放った光芒《こうぼう》だったのかも知れない。

西郷と大久保が討幕派となった理由は何か

幕府は安政五年（一八五八）六月十九日に日米修好通商条約を締結すると、年の変わらぬうちにオランダ、ロシア、イギリス、フランスともおなじ条約（安政五カ国条約）を結び、開国に踏みきった。

同時に国内には尊王攘夷論《そんのうじょうい》が大流行し、孝明天皇《こうめい》をはじめ再鎖国を主張する声が満ち満ちた。藩として尊攘派が多かったのは、東の水戸藩徳川家と西の長州藩毛利家であった。

水戸藩のことはひとまず措《お》いて長州藩の動向を眺めると、吉田松陰《よしだしょういん》が安政五年（一八五八）七月十三日、天皇の勅《ちょく》を奉じない幕府は「討滅誅戮《とうめつちゅうりく》」すべきだ、と論文『大義ヲ議ス』の中で主張したことが目につく。

その遺志を継ごうとした高杉晋作《たかすぎしんさく》、久坂玄瑞《くさかげんずい》は志半ばにして倒れたものの、薩長同盟を締結した桂小五郎《かつらこごろう》（のちの木戸孝允《きどたかよし》）も松陰の弟子筋だから、今も松陰が教えた松下村塾《しょうかそんじゅく》跡に「明治維新胎動之地」碑があるのもゆえなしとしないのだ。

対して慶応二年（一八六六）一月二十一日、この長州藩と討幕を最終目的とする薩長同盟を結んだ薩摩藩島津家の代表は、家老小松帯刀《こまつたてわき》および大久保一蔵《おおくぼいちぞう》（利通《としみち》）、西郷吉之助《さいごうきちのすけ》（隆盛《たかもり》）。大久保と西郷は、若き日から薩摩藩内の尊攘派「誠忠組《せいちゅうぐみ》」のメンバーだった。

しかし薩摩藩国父《こくふ》として同藩を指導していた島津久光《しまづひさみつ》は公武合体派であり、文久二年（一八六二）四月二十三日には伏見の寺田屋に集結して攘夷戦に走ろうとしていた誠忠組と諸藩の尊攘激派に対して八人の鎮撫使《ちんぶし》を派遣。剣の達人ぞろいの鎮撫使は死者一、重傷三を出しながら誠忠組に死者六、重傷二（のち切腹）の犠牲を強いたほどであった（寺田屋騒動）。

元治《げんじ》元年（一八六四）七月十九日、御所に押し寄せた長州軍を会津藩を主力とする公武合体派諸藩が迎え討った禁門《きんもん》の変に際しても、西郷吉之助を侍大将とした薩摩藩は会津藩と協力して長州軍を敗走させることに成功している。

ではその薩摩藩は、いつ、なにゆえに公武合体派から離脱し、長州藩と手を握ることを選んだのか。そう考えた時に思い出したいのは、水戸藩天狗党《てんぐとう》の運命にほかならない。

水戸藩は前藩主徳川斉昭《とくがわなりあき》が尊攘思想を鼓舞したことから世の注目を浴びたものの、大老井伊直弼《いいなおすけ》の暗殺までおこなうようでは支持者も消える。同藩尊攘派は門閥派で佐幕派でもある諸生党《しょせいとう》との党争が激化するうち浮き上がった存在となり、元治元年（一八六四）三月二十七日、藤田東湖《ふじたとうこ》の四男小四郎《こしろう》ほか六十余名が筑波山に挙兵。天狗党と称し、十月に家老の武田耕雲斎《たけだこううんさい》を領袖に迎えると、十一月一日から西上の途に就いた。

幕府の許可なく勝手に兵を動かす行為は「武家諸法度《ぶけしょはっと》」違反の大罪だ。だが、天狗党は将軍後見職として京にいる一橋慶喜《ひとつばしよしのぶ》（徳川斉昭の七男、のち十五代将軍）に尊攘の志を愬《うった》えればわかってもらえると信じ、長州藩と提携して攘夷戦に討って出ることを夢見ていた。

しかし、幕府が天狗党追討軍の将に指名したのは皮肉にも慶喜当人。信濃路、美濃路を経て越前の敦賀《つるが》まで行軍してきた天狗党の八百十八人は、まさか斉昭の子に弓を引くわけにもゆかず、慶喜が総攻撃期日とした十二月十七日、加賀藩の兵に投降した。

幕府が加賀藩から受け取った降人《こうにん》たちの警固を彦根、福井、小浜の三藩に託したところ、三藩は敦賀の商人から鯡《にしん》肥料を入れる土蔵十六棟を借り上げ、それぞれに約五十人ずつを押しこめた。酷《むご》い光景が展開したのはここからだ。

「窓は板でふさがれたので暗室の空気が淀《よど》み、敷物はわずかな筵《むしろ》のみ。便所は蔵の中央に桶《おけ》を置き、便所通いの下駄もなく、臭気鼻を衝《つ》き、食は握り飯一個を日に二回のみ。これまで一同袴《はかま》を着用していたのに、入れられる時に袴、帯から下帯まで取り上げられ、松の厚板の足枷《あしかせ》をはめられた」

（史談会編『波山始末《はざんしまつ》』を要約）

明けて元治二年（一八六五）二月四日から二十三日の間に、降人たちの処分が決まった。

武田耕雲斎、藤田小四郎以下の三百五十二人は斬罪か死罪。百余人は遠島、軽輩百八十七人は追放。常陸《ひたち》国内で投降した千人からも四十三人が斬首か切腹、数百人が獄死し、安政の大獄以来の水戸藩の死者は千五百人を超えたほど。

この処刑を知った時の、大久保の反応は左のごとし。

「その取り扱い苛刻《かこく》を究め、衣服を剥ぎ取り裸体になし、獣類の扱いにて、実に聞くに堪えざる次第なり。〔略〕これを以《もっ》て幕〔府〕滅亡の表れと察せられ候」(『大久保利通日記』上巻、同年二月十一日の項を要約)

西郷は、幕府批判を行動によって示した。降人のうち軽輩三十五人は薩摩藩が預かることとされていたのだが、西郷は流罪とされる者たちの赦免を主張。それでも流罪にするなら幕命をお引き受けいたしかねる、と宣言してみせたのだ(「幕命拒絶の薩摩藩上書控」、『西郷隆盛全集』第二巻所収)。

こうして幕府を見限った西郷と大久保は、雄藩連合による新国家の建設を模索し、長州藩との提携に踏みきるという思考回路をたどるのである。

慶喜は自分を慕って敦賀まで来た天狗党を無情にあしらったことにより、将軍職に就任する前から人望地に墜《お》ち、政治的生命は余命いくばくもなくなっていた、と考えてよい。

孝明天皇毒殺説を支持する新研究の登場

慶応二年（一八六六）十二月二十五日、数え三十六歳で不意に崩御《ほうぎょ》した孝明《こうめい》天皇の死因については、痘瘡《とうそう》（天然痘《てんねんとう》）による病死説と毒殺説とが死の直後からおこなわれている。

毒殺説は、天皇が痘瘡を病んだことを否定するものではない。病んだ天皇が回復しつつあることに気づいた何者かが薬湯《やくとう》を運ぶ役目の女官に命じ、その薬湯に無味無臭の砒素《ひそ》を仕込んで弑逆《しいぎゃく》させた、と考えるのだ。

病死説論者の代表は、静岡大学法経短大教授、名城大学教授などを歴任した原口清《はらぐちきよし》（一九二二―二〇一六）。原口は平成十九年（二〇〇七）に刊行した『原口清著作集2　王政復古への道』所収の論文「孝明天皇の死因について」その他で病死説――より具体的には、天皇は悪質な紫斑性《しはんせい》痘瘡ないしは出血性膿疱性《のうほうせい》痘瘡によって死亡した、と主張したことによって知られる。

右の一文に病理学上の専門用語が並んだことから察せられるように、原口説の特徴は幕末と昭和二十一年（一九四六）に国内で大流行した天然痘の治療に当たった人々の記録や現代の医学書に学び、天皇はもっとも致命率の高いタイプの天然痘に罹《かか》って崩御した、と説いたのだ。

歴史学者には医学的知識に欠ける者が珍しくないためか、その後、孝明天皇の病死説を支持する人々には原口説が成立するかどうかをチェックしようとする者があらわれず、ただ無批判に原口説に追随する傾向ばかりがやけに目立って今日に至った。

ところが今年（二〇一二）の一月中旬、宮城県仙台市在住の橋本博雄《はしもとひろお》さんという未知の方から講談社経由で論文「孝明天皇と痘瘡」（『醫譚』復刊第一一二号）の抜刷《ぬきずり》が手紙を添えて送られてきた。講談社文庫の小著『幕末維新史の定説を斬る』には「孝明天皇は「病死」したのか」と題した論文も収録したので、橋本さんは拙論を読んで下さった方かと思われた。

その推理は外れていなかったが、意外だったのは橋本さんが「薬剤師／医学博士」の肩書をお持ちの方で、送られてきた論文は孝明天皇が罹った痘瘡はどのようなタイプのものだったのか、という問題に迫る力作だったことであった。以下、橋本論文の概要を紹介することにより、孝明天皇病死説と毒殺説のどちらを支持すべきか、というテーマについてみなさんに再考を求めたい。

ただし、孝明天皇の発病から死に至る過程を頭に入れておかないとわかりにくい点が出て来るので、今日すでに絶滅した痘瘡の発疹期は次の六段階に分けられていることを頭に入れておこう（橋本論文による。日取りは通常型痘瘡の場合）。

（ⅰ）紅斑《こうはん》期（半日〜1日）

(ii) 丘疹期《きゅうしん》（1～2日）

(iii) 水疱期《すいほう》（2日）。丘疹の頂点より小水疱を形成する。

(iv) 膿疱期《のうほう》（3日）。水疱内容は混濁し黄色を帯びて膿様となり、やがてその中央が凹んでいわゆる豆臍《とうさい》を生ずる。

(v) 結痂期《けっか》（3～4日）。膿疱はしだいに柔らかくなると同時に黒褐色となり、収縮、乾燥して痂皮《かひ》〔かさぶた〕を形成する。

(vi) 脱落期（2～3週）。痂皮脱落のあとの瘢痕は徐々に回復する。

次に橋本論文は、痘瘡を次の五種類に分類する。

①出血型（早期型、後期型の二種類あり）、②扁平型、③通常型、④不全型、⑤無疹型。

天皇がこのうちのいずれかの型の痘瘡を発病し、それゆえ死に至ったのであれば毒殺説を持ち出す必要はなくなる、というわけだ。

そこで橋本さんは、発病から十二日で結痂期を迎え、慶応二年（一八六六）十二月二十三日には食欲も回復していた天皇の症状は③に近い、と見る。しかし③であれば結痂期を経て回復するのに対し、天皇は二十四日に容態急変、二十五日には「御九穴《ごきゅうけつ》〔目・耳・鼻・口・尿道・肛門の粘膜〕より御脱血」して急死している。③は出血を起こすわけではないから、天皇は③で死んだのではない。

④の不全型は「種痘をしている場合になりやすいタイプ」で発疹が（ii）から先にゆかないことがあり、死亡率は〇《ゼロ》パーセントだから、天皇は④でもなかった。

⑤の無疹型とは発疹が出ないタイプだから、天皇はこれでもなかった。

②の扁平型の特徴は「出血は発疹の中以外には起きない」、「皮膚、粘膜からの出血はない」という点。天皇は九穴から脱血しているのだから、②でもない。

残る①の出血型のうち、早期出血型は「発疹出現前に皮膚や粘膜から出血が起きることが特徴であり、他の研究者が紫斑性痘毒や電撃性痘瘡と呼んでいるものに相当する」。これに罹ると五、六日で死亡するから、天皇の死亡時期には合わない。すなわち天皇は、早期出血型の痘瘡を病んだのでもなかった。

では後期出血型はというと、約十五パーセントの患者は病変が（iii）から（iv）まで進み、「死亡が発熱後8〜10日目であること、等は天皇の場合にほぼ該当する。しかし、発疹出現後も頭痛などの激しい病状が弱まらない〔注略〕ことは天皇の場合とは明らかに異なる」。また、『孝明天皇紀』には十二月十九日の項に天皇の痘疹から出血したとあるが、（iv）まで進む後期出血型では痘疹からは出血しないので、これも天皇の病状には合わない。

これが橋本論文の結論であり、「天皇は悪質な紫斑性痘瘡ないし出血性膿疱性痘瘡によって死亡した」とする原口清説はみごとに論破されてしまったわけである。

しかし橋本さんは怪気炎を上げたりはせず、学者らしい物静かな文体でこう書いている。

「以上痘瘡の各タイプについて記述させていただいたが、天皇の死因は〔略〕いずれにも該当しないと言わざるを得ず、病状の経過から考えて通常型の痘瘡であった（痘瘡で崩御したのではない）可能性が高い」

これを私なりに表現し直せば、

「天皇は通常型痘瘡を病んだものの、回復に向かった。そのため回復されては困ると考えた者に、一服盛られて崩御された可能性がきわめて高い」

となるであろう。

拙論「孝明天皇は「病死」したのか」は、都合の悪い史実を無視して立論を重ねる原口清の筆法を批判して孝明天皇病死説を否定し、毒殺説を支持してその黒幕と噂《うわさ》される岩倉具視《いわくらともみ》やその妹堀河《ほりかわ》紀子《もとこ》について検討し直したものであった。ついでに私は当時御所に上がっていた女官十八人の姓名と年齢を調査し、岩倉兄妹であったかも知れない黒幕に指示され、砒素入りの薬湯を運んだのはこのうちのだれか、というところまで突きつめたものの、学界の人間ではないのでそこでペンを擱《お》いたままになっていた。

しかし、今回発表された橋本論文は痘瘡の型を網羅して孝明天皇の症状と比較する、というこれまで試みられることのなかった手法によって、あらためて孝明天皇病死説を否定したところがユニークである。

ならば、当然浮上すべきは毒殺説。毒殺説論者も、戦前の佐伯理一郎《さえきりいちろう》（佐伯病院院長）から、『天皇家の歴史』（一九五三年）の著者ねずまさし、『幕末非運の人びと』（一九七九年）の著者で大阪大学、横浜市立大学、東北大学、津田塾大学の教授を歴任した石井《いしい》孝《たかし》と錚々《そうそう》たる顔触れであり、石井は横浜市立大学医学部教授から教示され、孝明天皇の死因を急性毒物中毒と特定してみせている。

橋本論文の登場により、毒殺説がさらに深く研究されることに期待したいものだ。

幕末長州藩の「差別の論理」

息子の使った高校の日本史の教科書を眺めていたら、長州藩の奇兵隊《きへいたい》はゴシック体で表記され、欄外には左のような注がついていた。

「高杉晋作《たかすぎしんさく》が藩庁に建議し、1863（文久3）年みずから中心となって、正規の藩兵（正兵）とは異なり、門閥・身分にかかわらない志願による奇兵隊を組織した。長州藩では、その後も農商民を加えた諸隊があいついで組織され、これが討幕運動の軍事力となった」（『新詳説日本史』山川出版社、傍点は中村）

こう書かれると「諸隊」もすべて「門閥・身分にかかわらない」組織だったように読めてしまうが、そんなことはあり得ない。

奇兵隊では幹部たちによる隊士たちの月俸のピンハネが当然のこととされていた、と元奇兵隊士三浦梧楼《みうらごろう》は『観樹将軍回顧録《かんじゅしょうぐんかいころく》』に書いているし、のちに諸隊が「脱隊暴動一件」といわれる大騒動を起こしたのも、幹部たちの不正腐敗に端を発していた。

「長州諸隊」と総称される部隊は、時山弥八《ときやまやはち》『もりのしげり』（一九一六年）所収の「旧長藩諸隊表」によると山伏隊《やまぶしたい》、撰鋭隊《せんえいたい》、膺懲隊《ようちょうたい》など百六十一隊あった（離合集散あり）。そのなかで「門閥・身分」による差別が歴然としていたことを示すには、これら諸隊のうちには被差別部落民によって組織された部隊もふくまれること、それは隊名からすぐ知れたことを指摘すれば充分であろう。では、その部隊名と時山弥八の解説文を抜き書きする。

〈維新団〉熊毛郡《くまげごおり》屠勇《とゆう》ノ団結ニシテ遊撃軍ニ属ス

〈山代茶洗組《やましろちゃせんぐみ》〉編成年月慶応二年春頃　茶洗ハ非人穢多ノ種類ナリ人員四十四人ヲ以テ組織セリ、四境戦争〔幕府による第二次長州追討戦〕ノ際芸州口ニ戦フ

〈一新組〉編成年月慶応二年五月頃　三田尻《みたじり》屠勇ノ一隊ニシテ御楯隊《みたてたい》ニ属ス

長州諸隊は総じて「〇〇隊」「××軍」という部隊名なのに、右の部隊は「──団」「──組」という語構成になっている。これが差別意識でなかったら何だというのか。

これら三隊のうち維新団については田中彰《たなかあきら》『高杉晋作と奇兵隊』（岩波新書、一九八五年）に記述があるので、次にこれを掲げる。

「隊員数は一五〇～一七〇名程度で、この隊は黄色地に「游維新団」と書かれた旗をもっていた。遊撃隊（軍）付属の隊の意である。維新団の隊員は、頭にかぶる笠から衣服まですべて黒一色で、

絹や舶来の毛織物でつくったゴロ服を着たり、笠その他に飾りをつけることなどはいっさい禁じられていた」

それにしてもなぜこの時期に長州藩がこれら三隊を成立させたのかといえば、同藩の攘夷《じょうい》体質にその根っこがある。文久三年（一八六三）五月から下関で異国船の無差別砲撃をおこなった長州藩は、「馬関《ばかん》攘夷戦」と見得を切ったまではよかったが、六月一日から五日にかけて米仏海軍の報復攻撃に大惨敗。緊急に銃隊を組織する必要に迫られ同年七月、左のような「部落民登用令」を出したのだ。

「山口近郷の穢多中品行方正強壮勇敢健歩才気の科目〔項目〕に応ずべき者を採用して攘夷の事に従はしめ居常一刀を帯し胴着を被ることを許す」（末松謙澄《すえまつけんちょう》『修訂防長回天史』第四巻）

では、その戦いようはどのようであったか。

「維新団や一新組などは、四境戦争の芸州口で果敢に戦い、維新団は戦死二・負傷一二、一新組は戦死・負傷者それぞれ二、山代茶洗組は慶応二年八月九日の解隊までに四四名が従軍し、二名が戦死、一二名が負傷した、といわれている」（『高杉晋作と奇兵隊』）

第二次長州追討戦における芸州口の戦いは、関ヶ原の合戦とおなじ装備と陣形で出動した彦根藩井伊家の軍勢が、洋式軍服姿の長州兵のゲベール銃で次々と撃ち倒され、

「戦争といわんよりほとんど遊猟の感なきにあらず」（戸川残花《とがわざんか》『幕末小史』）

といわれる一方的な戦いとなった。上記の三隊はこの戦いに奮闘し、「防長市民一同」と称され

た諸隊の勝利に貢献したのである。あたかも第二次大戦の欧州戦線における日系人部隊のように。

ただし、長州藩はそのあと方向を誤った。慶応元年（一八六五）八月以降、諸隊の戦死者は下関の桜山招魂場（今日の桜山神社）その他の招魂場に祀《まつ》られた。この招魂場こそは、後の東京招魂社すなわち靖国神社のルーツである。

「しかし、この招魂場にはさきの被差別部落の戦死者は祀られることはなかった。それは戊辰《ぼしん》戦争の旧幕府軍戦死者が、のちに靖国神社の祭神に加えられなかったことに通ずる」（『高杉晋作と奇兵隊』）

と、田中彰氏は指摘している。

日本近代史の歪《ゆが》みは、こういったところにも源流があるのであろうか。

松平容保はなぜ賊徒とみなされたのか

平成三十年（二〇一八）は戊辰《ぼしん》戦争百五十周年の記念の年なので、私ごときにも講演やシンポジウムへの出演依頼、インタビューの申し入れなどがかなり来る。さる地方紙の会津若松支局からの問い合わせは、

「会津藩主松平容保《まつだいらかたもり》はなぜ賊徒とみなされたのでしょうか」

というものであった。

それを考えるには、まず慶応三年（一八六七）十月十四日、薩摩・長州両藩に対し、「討幕の密《みっ》勅《ちょく》」が降下した史実を頭に入れておく必要がある。『明治天皇紀』第一ほかに掲載されたその原文は漢文の白文なので、漢字平仮名交り文に直して読み下してみよう。

詔《みことのり》す。源慶喜《みなもとのよしのぶ》 累世《るいせい》の威を藉《か》り、闔賊の強きを恃《たの》み、みだりに忠良を賊害し、しばしば王命を棄絶《きぜつ》し、遂に先帝〔孝明《こうめい》天皇〕の詔を矯《た》めて懼《おそ》れず、万民を溝壑《こうがく》に擠《おと》して顧みず、罪悪の

至るところ、神州まさに傾覆《けいふく》せんとす。朕《ちん》今民の父母たり。この賊にして討たずんば、何をもってか上は先帝の霊に謝し、下は万民の深讐《しんしゅう》に報ぜんや。これ朕の憂憤《ゆうふん》のあるところ、諒《りょう》闇《あん》〔父孝明天皇の喪中〕にして顧みざるは、万已《や》むべからざるなり。汝《なんじ》よろしく朕の心を体して、賊臣慶喜を殄戮《てんりく》し、もって速やかに回天の偉勲を奏し、生霊《せいれい》を山嶽の安きに措《お》くべし。これ朕の願いなり、あえて或懈《わくかい》するなかれ。

慶応三年十月十三日

正二位 藤原忠能《ふじわらのただやす》奉
正二位 藤原実愛《ふじわらのさねなる》
権中納言 藤原経之《ふじわらのつねゆき》

「源慶喜」が最後の将軍徳川慶喜を指すことに説明は無用だろうが、注目すべきはこの密勅に「賊」という漢字が四回も使われていることだ（傍点を打った単語を参照）。「闔賊《こうぞく》」は、本来「闔族」（一族）とすべきところにあえて「賊」を用いた表記。「賊害」は人に損害を与えることだが、残る「賊」「賊臣」とは慶喜自身を指し、「殄戮」すなわち殺し尽くすべき対象だとまでいっている。

孝明天皇がまだ存命だった元治《げんじ》元年（一八六四）七月に御所へ鉄砲を撃ちかけて禁門《きんもん》の変を起こした長州藩は、これまで「朝敵」「夷賊」「賊軍」などと呼ばれてきた（『孝明天皇紀』第五）。

ところが「討幕の密勅」は武力討幕と王政復古を目標とする前左近衛権中将《さきのさこんえごんのちゅうじょう》岩倉具視《いわくらともみ》が薩長

と結び、国学者玉松操《たまつみさお》に起草させたものであるから、時世の流れに従って大政奉還に踏み切りつつある慶喜を「賊臣」呼ばわりしているのだ。しかも「討幕の密勅」には、「又二藩〔薩長〕に命じ、京都守護職松平容保《まつだいらかたもり》・京都所司代松平定敬《さだあき》〔桑名藩主〕を誅戮《ちゅうりく》せしむ」(『明治天皇紀』第一)とする「会桑《かいそう》二藩追討の御沙汰」が付帯していた。その文面は、読み下すと左のようになる。

会津宰相
桑名中将

右二人久しく輦下《れんか》に滞在、幕賊の暴を助け、その罪軽からず候。これにより速やかに誅戮を加うべき旨、仰せ下され候事。

十月十四日

忠　能
実　愛
経　之

会桑両藩は「幕賊」が暴威をふるうのを助けたのだから、やはり「朝敵」「賊軍」だ、という論理である。京都守護職、京都所司代はともに幕府を代表する警察機構であり、「天誅」という美名の下にテロルに走った尊攘《そんじょう》激派を多く摘発しただけに、慶喜についで憎悪の対象とされてしまったのだ。

しかし「討幕の密勅」を与えられたのは薩長両藩のみであり、これは非公開の文書だから、続々と着京した薩長勢と一触即発となるのを怖れて十二月中に大坂城へ引いた旧幕府軍および会桑両藩は内容を知る由もない。

明けて慶応四年（一八六八）一月三日、慶喜の執筆した「討薩の表」を持った大目付滝川具挙《たきがわともたか》が京都見廻組《みまわりぐみ》改め新遊撃隊の四百を率いて淀から鳥羽街道の関門四つ塚へと上ってゆくと、その前方を封鎖した薩軍から砲撃が開始され、ついに戊辰戦争の緒戦である鳥羽伏見の戦いとなった。

そして旧幕府軍が敗色濃くなったころ、朝廷から勅書が届けられ、そこにはこう書かれていた。

「朝命を奉ぜずして兵を擁し上京する者は朝敵なり」（同）

薩長勢は官軍、旧幕府勢は賊軍と知れたのはこの時のこと。四日に仁和寺宮嘉彰《にんなじのみやよしあき》親王が征討将軍に任じられ、錦旗《きんき》を与えられたことにより、官・賊の名分の違いは視覚的にも明らかになった。

錦旗発向と知った長州藩士品川弥二郎《しながわやじろう》は、日本の軍歌第一号「トコトンヤレ節」を作詞。愛人の勤王芸者中西君尾《なかにしきみお》に三味線で節をつけてもらった、と井筒月翁《いづつげつおう》『維新俠艶録《いしんきょうえんろく》』にある。その一節、

「あれは朝敵征伐せよとの錦の御旗じゃ知らないか」

という歌詞によって「朝敵」という表現は一般に知られ、慶喜の水戸退隠後は会津藩以下の奥羽列藩に対する差別意識を醸《かも》すことにつながってゆくのである。

旧幕府軍の必勝戦略「艦隊三分の計」

北朝鮮が、アメリカの空軍基地のあるグアム島付近にミサイル四発を発射する計画だ、と発表したのはかなり珍妙だ。その四発が目的水域に精確に着弾したところで、米軍に再起不能のダメージを与えるわけではないから、開戦の口実に利用されるのが関の山である。

もしも自軍の戦略構想を公表して仮想敵の顔色《がんしょく》を無からしめんとするならば、その戦略とは仮想敵がいかように対応しようとしても、これを無力化することが可能な必勝戦略でなければならない。

それでは、わが日本に必勝戦略を立てて戦ったいくさはかつてあったのか。そう自問すると、いくつかの例が頭に浮かんでくる。

天正三年（一五七五）五月、織田信長《おだのぶなが》・徳川家康《とくがわいえやす》連合軍が三河長篠に二重、ところによっては三重の馬防柵《ばぼうさく》を立て、武田勝頼《たけだかつより》率いる騎馬武者たちの突入を封じておいて鉄砲三千挺《ちょう》の威力で勝ちを制した長篠の戦い。慶長十九年（一六一四）の大坂冬の陣で豊臣秀頼《とよとみひでより》といったん和解したかにふるまい、真田丸、堀などを破却させてから夏の陣を開戦して一方的に勝利した家康の巧みさ。明治三十八年（一九〇五）五月、一時行方不明となったロシア・バルチック艦隊は対馬《つしま》水道に来ると信じて連合艦隊を韓国の鎮海湾《ちんかいわん》に待機させ、丁字《ていじ》戦法、乙字《おつじ》戦法によって日本海軍が完勝した日本海海戦。

これらはいずれも構想された必勝戦略が実際に発動され、勝利に結実した例である。対して構想されてはいたものの、ついに発動されることなくおわった必勝戦略というものも存在する。

その代表的な例は、慶応四年（一八六八）一月三日にはじまった鳥羽伏見の戦いが旧幕府軍の敗北におわり、前将軍徳川慶喜《とくがわよしのぶ》が江戸城へ逃れたあと、その面前で提案された「艦隊三分《さんぶん》の計」である。「艦隊」というからには、これはまだ無傷のまま健在の旧幕府海軍によって討幕派諸藩の兵力を制圧すべし、との策であり、提言者は勘定奉行の職にある小栗上野介忠順《おぐりこうずけのすけただまさ》であった。

神長倉真民《かなくらまさみ》『仏蘭西公使ロセスと小栗上野介』「小栗上野介の巻」によると、「三分の計」の詳細は次のごとし。

賊軍〔薩長勢〕どもは、伏見鳥羽の勝利に慢心し、恐らく意気揚々と東海東山両道より攻め下るで厶《ござ》らう。その時我は備へなきが状をして、箱根《はこね》碓氷《うすい》の関門を明け、彼らを江戸近くまでおびき寄せ、然《しか》る上に於《おい》て両関門を後《うしろ》から閉ぢ袋の鼠として、一匹も剰《あま》さず殲殺《みなごろ》しに致すのでござる。我に無敵の海軍あり、これを駿河湾頭に集め、海陸より挟撃すれば、敵は退路を断たれ殲滅《せんめつ》するは必定《ひつじょう》、海軍は更に長駆して、馬関《ばかん》〔下関〕、鹿児島を衝《つ》けば、彼等の本拠を一挙にして覆へすは、卵をとつて地に擲《なげう》つよりも易《やす》し。吾《われ》には開陽《かいよう》、回天《かいてん》の巨艦あり、またストンウォールと申す鋼鉄艦も、メリケン国より行航中でござる。海上制覇の権は吾に在り、仮令《たとい》中国西国の大名悉《ことごと》く聯盟して反抗するとも、少しも恐るゝことはござりませぬ。〔略〕上様には、何に憚《はばか》り何に恐れて、恭順々々と仰せらるゝので厶りますか。上野介とんと了解に苦しみます。

薩摩、佐賀、土佐など討幕派諸藩の海軍はまだきわめて貧弱で、海軍戦術も知らなかった。それゆえ総排水量が三千トン以上に達する旧幕府海軍は、諸藩のそれに比して圧倒的に優位であり、これを三分して駿河湾、下関、鹿児島に派遣すれば江戸へ下りつつある新政府軍の動きを制することができる、と小栗上野介は踏んだのだ。

もちろん、このような大作戦を決行するには大金が必要となる。しかし、旧幕府はフランスと契約し、二百四十万ドルの予算で横須賀に製鉄所を造っているところだったから、小栗はこの軍資金もフランスに用立ててもらえると考えていた。

では、幕末維新期最良の司令官大村益次郎《おおむらますじろう》はこの「艦隊三分の計」をどう見ていたか。五月十五日に上野戦争がおわった時点で、大村はこういっている。

「幕府で若《も》し小栗豊後守《ぶんごのかみ》（忠順初め豊後守後上野介）の献策を用ひて、実地にやつたならば、我々は幾《ほと》んど生命がなかつたであらう」（蜷川新《になが わあらた》『維新前後の政争と小栗上野の死』）
しかるに前将軍慶喜は小栗上野介が「艦隊三分の計」を提示したとたんに怖気《おじけ》づき、上野介が押し止《とど》めようとしてつかんだ袖を振り払って奥へ入ってしまった、といわれている。敗兵多数を大坂城に残して逃げてくるような前将軍に大反攻計画を示したところで、了解を得るのはしょせん不可能なことだったのだ。
かくて「艦隊三分の計」は絵に描いた餅におわり、慶喜から疎まれて職を奪われた上野介は上州権田《ごんだ》村の知行所に帰って、新政府軍に問答無用で斬られた。新政府軍が上野介を訊問もせず斬ったのは、かれの鬼謀《きぼう》の才を怖れて処刑を急いだためだ、という説がある。
「艦隊三分の計」に基づいて出動する機会のついになかった旧幕府海軍が、同海軍副総裁榎本《えのもと》武揚《たけあき》の指揮によって箱館へ北走し、明治二年（一八六九）五月の箱館湾海戦によって滅んだのは周知のことであろう。

渋沢成一郎はなぜ彰義隊を脱退したか

「日本資本主義の父」渋沢栄一《しぶさわえいいち》の肖像が新一万円札に用いられることに決まった、というニュースに接した時、ゆくりなく私が思い出したのは二十七年前にちょっと立ち話をした青年のことだった。

平成四年（一九九二）十月三日、私は戊辰《ぼしん》戦争百二十五周年を記念して上野の寛永寺大慈院《かんえいじだいじいん》でひらかれた「戊辰役東軍殉難者慰霊祭」において記念講演をおこなった。「徳川義軍遊撃隊の戊辰戦争」と題した講演を無事おわって玄関へ向かうと、廊下の先に上質のスーツをまとった青年がたたずみ、柱に上体を預けてぐじぐじしている。

「ぼくなんか、本当はここに来られる立場じゃないんです」

とその青年が問わず語りに話しかけてきたので、君はどちら様、と私はたずねた。会場には会津藩士町野主水《まちのもんど》の孫の井村百合子《いむらゆりこ》さん、旧幕府遊撃隊長人見勝太郎《ひとみかつたろう》の孫の人見陸《あつし》さんらのお顔があったので、この青年も戊辰戦争の東軍参加者の末裔《まつえい》であることは間違いなかったからだ。

するとその青年は相変わらず情けなさそうな目つきのまま、左手で背広をひらいて左内ポケットの上に刺繡された姓を見せてくれた。それは「渋沢」と読めた。

同時に私は、なぜこの青年が会場に入りにくそうにしながら廊下でぐじぐじしていたかを一瞬にして理解した。

青年は渋沢栄一ではなく、その従兄として生まれ、彰義隊《しょうぎたい》の頭取をつとめた渋沢成一郎《しぶさわせいいちろう》（のち喜作《きさく》）の子孫であった。彰義隊は慶応四年（一八六八）五月十五日に新政府軍と戦って潰走したのだが、成一郎はその前に脱退して彰義隊士ではなくなっていた。青年は成一郎のこの行動を恥じ、東軍戦死者の霊に合わせる顔がないと感じながらも殉難者慰霊祭にやってきたのであった。

この渋沢成一郎や栄一は、武士階級の生まれではない。新選組の近藤勇《こんどういさみ》や土方歳三《ひじかたとしぞう》とおなじく豪農の家に生まれ、そろって幕末の攘夷《じょうい》思想にかぶれて江戸へ出府。異人斬りに走ることや横浜焼き討ちを夢想するうち一橋《ひとつばし》家の家臣平岡円四郎《ひらおかえんしろう》に誘われ、ともに同家の当主一橋慶喜《よしのぶ》に仕えることになった。

これが元治《げんじ》元年（一八六四）二月のこと。慶喜は慶応二年（一八六六）十二月に徳川家を相続し、十五代将軍となったので、ふたりは自動的に幕臣の身分を手に入れた。栄一はその後、慶喜の異母弟徳川昭武《とくがわあきたけ》に同行してパリ万国博を見物。この洋行によって資本主義のメカニズムを知るのだが、成一郎の方は奥右筆《おくゆうひつ》と御政事内務掛《ごせいじないむがかり》を兼務し、慶喜の内政に関与した。

慶応四年（一八六八）一月に勃発した鳥羽伏見戦争に旧幕府軍が敗れるや、成一郎は紀州和歌山藩と交渉。陸海双方からの江戸引き揚げルートの開設を認めさせ、二月四日にその江戸へもどった。

しかし、江戸城内では新政府への恭順論が主流となり、前将軍は近々上野寛永寺に謹慎することになったそうだ、との風聞さえある。同月二十一日、これに不満を感じた成一郎は浅草の酒楼に同志たちを集め、策を練る前に次の四点につき同意を求めた。

「先づ第一死生を共にする事。第二方向を一定する事。第三方向は衆議を以《もっ》て之《これ》を決せん事。是《こ》れにして異議無くんば直《ただち》に血誓《けっせい》せんと」（山崎有信《やまざきありのぶ》『彰義隊戦史』）

初めに成一郎、つづいて天野八郎《あまのはちろう》が血判を捺《お》し、同志は六十七人を数えた。

成一郎とやはり豪農出身の天野八郎は義兄弟の盃《さかずき》を交わし、隊名は貫義、昭義、彰義の中から衆議によって彰義を選び、「彰義隊」と決定。成一郎が頭取に、八郎が副頭取に選ばれた。

この時の成一郎の考えは、江戸で新政府軍と戦うのは不利だから要害の地日光に移る、そのためには軍資金が必要だから豪商たちに献金させよう、というものであった。

ところがこの頃、彰義隊の者は「日ならずして両御番席《りょうごばんせき》の格を仰せ付けらる丶との説」（同）が流れた。両御番とは書院番組か小姓番組に召し出されることを意味し、旧幕府にあってはエリート・コースへの登龍門である。

だが、それとおなじ格とされるには江戸にいることが条件だから、この風説を信じた隊士たちは成一郎の日光移転策を喜ばず、人望のある天野八郎のもとに集結した。

その八郎は、成一郎の豪商たちに頼ろうとする考えを「貪濫《どんらん》無恥の振舞」（同）と一蹴。彰義隊はふたつに割れ、渋沢派と天野派が「互《たがい》に罵詈《ばり》攻撃するに至れり」（同）という事態になっていった。

ついで四月十一日に江戸は無血開城となり、慶喜が水戸へ去ってゆくと、成一郎と彰義隊の一部は松戸まで慶喜一行を見送り、「誓《ちか》て官軍とならざる事、誓て降服せざる事」（同）の二項を約した者たちとともに彰義隊を脱退。「振武軍《しんぶぐん》」を結成して新政府軍と飯能に戦ったものの敗北し、成一郎は箱館へ走って榎本武揚《えのもとたけあき》を総裁とする蝦夷島《えぞしま》政府にも参加した。

明治二年（一八六九）五月、同政府が明治新政府に降伏するや、成一郎も捕らえられて同五年（一八七二）まで獄中生活を送った。その後、大蔵省に出仕していた栄一に助けられ、実業界で活躍する後半生へと歩み入るのだ。

なお、成一郎脱退後の彰義隊は五月十五日の戦いに一千の兵力で一万の新政府軍と激突。戦死者二百六十六名を出し、あえなく瓦解した。

私の講演に来てくれた「渋沢」姓の青年は、成一郎がこの決戦に加わらなかったことをなおも戊辰戦争の東軍戦死者たちに対して申し訳なく思っていたのであった。

彰義隊頭並・天野八郎の哀しき辞世

前稿では彰義隊《しょうぎたい》頭取だった渋沢成一郎《しぶさわせいいちろう》について書いたので、本稿では渋沢の脱退後、彰義隊頭《かしら》並《なみ》という肩書ながら実質的な隊長として同隊を率いた天野八郎《あまのはちろう》について述べてみよう。

天野八郎は元の名を大井田林太郎《おおいだりんたろう》といい、天保二年（一八三一）、上野国甘楽郡《こうずけのくにかんらごおり》岩戸村の庄屋大井田吉五郎《きちごろう》の次男として生まれた（山崎有信《やまざきありのぶ》「天野八郎小伝」、『幕末血涙史』所収）。この村は幕府領だったため年貢率も低かったらしく、父は神田小柳町《こやなぎちょう》に公事宿《くじやど》「伊勢屋」を営んでいた。公事宿とは出訴人（公事人）を泊め、訴訟手続きを助けてやる宿のことだ。

その関係で弘化二年（一八四五）江戸へ出た八郎は、習字と剣の稽古に邁進《まいしん》。嘉永三年（一八五〇）五月、二十歳にして父と死別すると帰郷し、村人たちに剣を教えるかたわら、狂歌・俳句と囲碁に熱中した。八郎は次男だから庄屋業を継ぐ必要もなく、お気楽な青春を楽しんだようだ。

しかし、天保の初めに生まれた者たちは開国後に大流行した尊王攘夷《そんのうじょうい》＝再鎖国論の洗礼を受けねばならなかった。吉田松陰《よしだしょういん》、清河八郎《きよかわはちろう》、桂小五郎《かつらこごろう》（のちの木戸孝允《きどたかよし》）らのように。

対して朝廷より幕府に親愛の情を寄せる者たちは、幕府主導による再鎖国を望む佐幕攘夷論にこだわった。多摩地方の庄屋の家に生まれた近藤勇《こんどういさみ》、土方歳三《ひじかたとしぞう》、そして天野八郎の三人がそろって佐幕攘夷派だったことは、私にはたいへん興味深い。

そして、右の三人のうちでもっとも猪突猛進型だった人物こそ天野八郎であろう。非義非道な高利貸しには短刀を見せ、「若《も》し吾言《わがげん》を容《い》れざる時は此《こ》の一刀を汚すこと容易なり」（同）と告げて驚愕《きょうがく》させたり、旅の間つきまとった胡麻《ごま》の蝿《はえ》（荷物泥棒）には「並木の肥やしになりたいのか」と凄いせりふを吐いたりした八郎は、真っ直ぐに生きるのが何よりの好み。旗印には後退できない将棋駒の香車《きょうしゃ》を用い、持ち槍の鞘《さや》も香車の形にしていた。

天保十一年（一八四〇）から同十三年（一八四二）まで老中を勤めた井上正春《いのうえまさはる》（上州館林《たてばやし》藩主）に対し、異国船などは海中を潜行してゆき、船底に爆裂弾を取りつけて沈没させるべし、との一種の水雷術を献策したというエピソードも、八郎が育った時代の雰囲気をよく示している。

ただし本稿では、八郎の「武」よりも「文」のセンスを見てゆきたい。

故郷に近い下仁田町《しもにたまち》の龍栖寺《りゅうせいじ》の住職が花畑を作って「下駄はくな」という制札を立てた時、八郎はなかなかよい下の句をつけた。

下駄はくな鶯《うぐいす》低《ひく》うなく畑

隣家の浅川騰吉《あさかわとうきち》という少年が、前髪を払って元服した時の祝いの句も気持がよい。

そりたての額《ひたい》に受けし初日かな

慶応四年（一八六八）四月十一日、江戸は無血開城となり、最後の将軍徳川慶喜《とくがわよしのぶ》は水戸へ退去。同年閏《うるう》四月七日、彰義隊頭取から頭並となって兵力一千を指導した八郎は、五月十五日の朝六つ半（午前七時頃）から上野戦争が開戦となるや、「上野の宮さま」こと輪王寺宮公現法親王《りんのうじのみやこうげんほっしんのう》を守るべくその御跡《みあと》を慕った。根岸から三河島まで急ぐと、輪王寺の竹林僧正《ちくりんそうじょう》が若い僧の手を取って落ちてゆくところであった。その若い僧を輪王寺宮と見た八郎が何処《いずこ》へとたずねると、僧正は「会《かい》」（会津）と答えたが供をすることは許してくれず、両者はここで別れた。

この時、八郎は「怪しげなる麻の黒衣を着し、古き草履をはき」という宮の姿から、昔、俳人に教えられた連歌を思い出し、涙が溢れるのをどうしようもなかった。

わらんじは斯《こ》う〔召〕めすものと涙ぐみ　遠くきこゆる鉄砲のおと

という連歌は、五月十五日の輪王寺宮と八郎自身の姿を詠んだも同然と思われたからだ。

一日にして大敗を喫した彰義隊にあって八郎はあちこちに潜伏したものの、七月十三日朝、本所の石原文次郎《いしはらぶんじろう》宅にいたところを徳島藩家老稲田家の兵数十に襲われ、自刃するいとまもなく捕らわれて江戸城西《にし》の丸《まる》下の糺問所《きゅうもんじょ》の獄に投ぜられた。

獄中で仲間に回想録を口述筆記してもらった八郎が、その題名を『斃休録《へいきゅうろく》』（「天野八郎小伝」所収）としたのは「斃《たお》れてのち休《や》む」という意味合いで、香車の旗印を好んだ八郎らしい命名であろう。慶応四年（一八六八）八月十七日付の後記に「天野八郎忠告《ただつぐ》、行年《ぎょうねん》三十有八歳」とあることから八郎は遠からぬ死を覚悟していたらしく、末尾には辞世の句も添えられていた。

北にのみ稲妻ありて月暗し

「北」は輪王寺宮一行が逃れた会津の方角であり、新政府軍は四方からその会津藩領に突入しようとしていた。だから八郎は、なおも一行のことを気に掛けていたのであろう。

その八郎は十月下旬から病気に罹《かか》り、十一月八日に獄死。遺骸は小塚原回向院《こづかっぱらえこういん》下屋敷に捨てられたが、きちんと地所を借りて埋葬した者がおり、明治四年（一八七一）には元の同志たちが墓碑を建てた。その碑文にある一句は、彰義隊の運命を物語るかのような作柄である。

枯尾花《かれおばな》倒れてそよぎ止《やみ》にけり

土方歳三と宇都宮戦争

慶応四年（一八六八）四月十一日、江戸では三つのことが立てつづけに起こった。最後の将軍徳川慶喜《とくがわよしのぶ》は謹慎先の寛永寺大慈院《かんえいじだいじいん》から出身地の水戸へ退去。江戸城は官軍に対して無血開城となり、これに不満な旧幕府側諸隊は夜になると下総《しもうさ》の市川と国府台《こうのだい》方面へ脱走、鳥羽伏見の敗戦の雪辱戦をおこなうことを誓い合ったのだ。

この旧幕府江戸脱走軍は陸軍奉行大鳥圭介《おおとりけいすけ》に率いられていたことから大鳥脱走軍ともいわれ、兵力は土方歳三《ひじかたとしぞう》を隊長とする新選組の百二十、桑名藩士八十、会津藩の有志などを加えて二千六百五十ないし二千九百二十。これを前軍、中軍、後軍に分かって徳川家の聖地日光へ向かうことになり、まずその前段として宇都宮藩七万八千石戸田家の居城宇都宮城を奪うことにした。宇都宮は奥州街道から日光街道が枝分かれする追分《おいわけ》の宿場でもあるので、ここを確保しておかない限り日光で一戦しようとしても敵の接近を阻止できない。

翌十二日夜、先陣を切って水戸街道を我孫子《あびこ》へ三里の小金《こがね》に進出したのは大鳥前軍。その司令官は会津藩士秋月登之助《あきづきのぼりのすけ》、参謀は土方歳三。前軍のとりあえずの目的は、下館《しもだて》に通ずる支道を経て下《しも》妻《づま》一万石と下館二万石に出兵を求めることにあった。

だが下妻陣屋の十一歳の幼君はすでに水戸へ逃れており、兵十人を差し出すばかり。下館城主も笠間へ走ってしまっていて、家老が手回しよく軍資金五百両、米百俵、味噌、醬油を差し出したので、談判役の土方はやむなくそれを受け取って宇都宮をめざした。

この前軍が鬼怒川《きぬがわ》をわたり、宇都宮へ三里弱の蓼沼《たでぬま》、刑部《おさかべ》に分宿したのは十八日夜のこと。宇都宮在陣官軍（東山道先鋒《せんぽう》総督府軍の一部）がこの動きを察知し、前方に兵を進出させつつあると知れたのは、十九日明け六つ刻《どき》（午前六時頃）のことである。

手近の満福寺《まんぷくじ》に集合して先鋒を新選組と桑名藩士計二百、中軍を伝習《でんしゅう》歩兵《ほへい》第一大隊五百ないし七百、殿軍《しんがり》を回天隊《かいてんたい》その他とした前軍は、宇都宮へ通ずる本道を避け、いったん西方の砂田《すなた》村へ迂《う》回《かい》する策をとった。

この策は、図に当たった。砂田村には宇都宮在陣官軍の一部である彦根藩兵百数十がいたが、これは十六日以降、奥州街道上を北上してきた大鳥中軍と小山宿《おやまじゅく》で戦い、もろくも敗れてこちらへ回された旧式装備の弱兵である。元治《げんじ》元年（一八六四）六月の池田屋事件や七月の禁門《きんもん》の変にともに出動して気の合っている新選組と桑名藩兵がミニエー銃の一斉射撃を浴びせてから抜刀攻撃に移ると、散発的に応射しただけで潰走してしまった。

そこで迂回をやめて刑部から一里半宇都宮寄りの桑島《くわじま》村へ北上すると、畑の松林に旧式装備の烏山《からすやま》藩兵百六十六がこちらに火縄銃と先ごめ滑腔《かっこう》のゲベール銃の筒先を向けていた。対して大鳥前軍の伝習歩兵第一大隊は、有効射程距離千二百メートルを誇るライフル銃シャスポー銃を装備しており、この弾着距離はミニエー銃の七百メートルをはるかに凌《しの》ぐ。これはずっとうしろからでも開戦できるということであり、戦闘開始のラッパが吹かれて同行の砲兵隊の砲二門が轟音《ごうおん》を発すると、烏山兵はひたすら逃げ走った。

「いくさするなら烏山藩頼め敵も殺さず怪我もせず」（小著『新選組全史　戊辰・箱館編』文春文庫）という俗謡は、この日の烏山兵の腰の引け方を謡ったもの。勢いに乗った大鳥前軍は、右の彦根・烏山兵を入れても守備兵力三百六十六しかない宇都宮城をめざして進撃した。

その宇都宮城は平城《ひらじろ》で石垣もなく、土塁《どるい》と空堀《からぼり》しかないため攻め易《やす》く守りにくい城である。逃げるのを恥として東南の下河原門《しもがわらもん》から討って出た宇都宮兵のうち九名はこの地に死し、ほかの在陣官軍は壬生《みぶ》から古河《こが》へ逃れるべく西走したため、宇都宮城は一日にして落城に至った。

わずか・時間でおわったこの戦いの最中のこと、土方は逃げようとした従兵のひとりを手討ちにして叫んだ。

「退却する者は誰《だ》れでもこうだ。進め進め」（佐藤昱《さとうあきら》『聞きがき新選組』）

この気迫の違いが、大鳥前軍の勝因のようだ。ただし土方たちは、宇都宮城が炎上したため、あけて二十日になってからようやく入城を果たした。

ついで中軍、後軍も入城したものの、これまでに板橋に本陣を進出させていた東山道先鋒総督府軍からは薩長土の兵力二千七、八百が二十一日に壬生城に到着。先んずれば人を制すの原則に基づいて攻勢をとった大島脱走軍は、宇都宮―壬生を結ぶ街道上の幕田《まくた》へ進出した。だが、十九日の戦闘で銃弾砲弾を消費していたことと払暁《ふつぎょう》からの雨で勝機が見出せない。大島も病気で指揮を執れず、昼頃、土方も足に全治三ヵ月の重傷を負ってしまった。

ために脱走軍は宇都宮城を捨て、日光寄りの今市宿へ逃れた。土方の宿ったのは仮本陣だったが、八王子千人同心のひとりとして日光勤番をつとめていた同郷の土方勇太郎《ひじかたゆうたろう》と顔を合わせると、いくばくかの金をわたして頼みごとをした。

「あの激戦になった時、従兵の一人が、堪え切れなくなって、逃出《にげだ》そうとしたのを見付けたから、これを手討《てうち》にした。〔略〕ついに城を落したが、あの一兵卒は実に不憫《ふびん》である。どうかこれでこの〔ママ〕日光へ、墓石の一つでも建ててくれ」（『聞きがき新選組』）

四月四日のうちに東山道先鋒総督府軍に捕らわれていた近藤勇《こんどういさみ》が、斬《ざん》に処されたのは二十五日のこと。日光から霧降峠《きりふりとうげ》を越えて会津へ向かう途中その訃報に接した土方は、会津藩主松平容保《まつだいらかたもり》が若松城下東山の天寧寺《てんねいじ》に近藤の記念墓を建立してくれる間、足に布を巻いて工事の進捗《しんちょく》を見守っていた、という伝承が残る。

明治に改元されていたこの年の十月、旧幕府海軍副総裁榎本武揚《えのもとたけあき》の蝦夷島《えぞしま》政府に参加してからの土方は、人間的に成長して隊士たちに慈父のごとく慕われるようになっていた。この成長は、宇都宮で従兵を手討ちにしたことへの後悔からはじまったようである。

軍艦「富士山丸」vs.磐城平藩の砲撃手

本稿は戊辰《ぼしん》百五十周年の年のおわり近くに草するので、磐城《いわき》戊辰戦争中に起こった秘話について記述する。

一方の主役「富士山丸《ふじやままる》」は、慶応元年（一八六五）にアメリカから横浜へ廻航されて旧幕府海軍に加わった軍艦で、二本マストに煙出し《けむだし》（煙突）一本。汽帆両様のスループ船で、備砲は十二門、排水量は一千トン、百八十馬力。幕府の注文によって造られた新鋭艦であったから、来日直後から活躍を大いに期待された。

その初陣は、慶応二年（一八六六）五月に幕府による第二次長州追討戦がはじまった直後のこと。瀬戸内海を西へ航海して周防《すおう》大島の南の沖合に出現した同艦は、村々に艦砲射撃を加えた後は小倉《こくら》口《ぐち》に移り、下関砲撃に参加した。だが、大島口の戦いも小倉口のそれも結局は長州藩の勝利におわったから、「富士山丸」は敗兵たちを収容して大坂へ去るという引き揚げ船のような役割を果たすしかなかった。

この時代の江戸湾最良の錨地《びょうち》は、品川沖である。同所へもどっていた「富士山丸」は、慶応四年（一八六八）閏《うるう》四月、すでに前政権となっていた旧幕府と大総督府（官軍本営）の約束により、旧幕海軍所有の三軍艦「朝陽丸《ちょうようまる》」「翔鶴丸《しょうかくまる》」「観光丸《かんこうまる》」とともに朝廷へ献納された。

かくて「富士山丸」は明治初期に日本海軍が所有した数少ない軍艦の一隻となったわけだが、その後の政府側史料に同艦の動きはまったく書かれない。『日本海軍全艦艇史　資料編』所収、中川《なかがわ》務《つとむ》作成の「主要艦艇艦歴表」などは、同艦の艦歴については朝廷への献納から明治四年（一八七一）十一月に四等艦とされるまでを空白としてしまっているほどだ。

しかしこの空白は、「富士山丸」がどこかにじっとしていたのではなく、記録に残しにくい事態を惹《ひ》き起こしたことを言外に物語るのかも知れない。そう考え、慶応四年（一八六八）五月十五日に上野戦争が起こって彰義隊《しょうぎたい》が潰滅した直後の戊辰戦争の進展をおさらいしてゆくと、六月十三日、大総督府は南関東を平定しおえたと見て磐城方面へ兵力を北上させることにしたとわかる。

その輸送に用いられたのは「富士山丸」、「三邦丸《さんぽうまる》」（薩摩船）、「飛隼丸《ひじゅんまる》」の三艦だと大山柏《おおやまかしわ》『戊辰役戦史』上巻にあるが、「富士山丸」以外は軍艦ではなく小型の運輸船なので、戦闘能力はあっても微弱なものだったと考えてよい。

十六日、太平洋に面した平潟港《ひらかた》（茨城県北茨城市）へ兵力を上陸させた三艦は、北の小名浜港《おなはま》（福島県いわき市）へと北上しながら奥羽越《おううえつ》列藩同盟軍の湾岸砲台と砲火を交えた。この方面の同盟軍とは、磐城三藩（磐城平《たいら》藩・泉《いずみ》藩・湯長谷《ゆながや》藩）、仙台藩、旧幕脱走遊撃隊などである。

十七、十八日とつづいた「富士山丸」ほか二隻vs.湾岸砲台の戦いについて新政府側史料は口を鎖《とざ》すものの、同盟軍参加者の残した記録を総合すると、この砲戦の結果が浮かび上がる。

玉置弥五左衛門《たまおきやござえもん》『遊撃隊起終録《ゆうげきたいきしゅうろく》』にいう。

「平兵尾形《たいらへいおがた》某《なにがし》、大砲兵ヲ指揮シテ敵艦ノ烟出《けむだ》シヲ打抜《うちぬい》タリ」

『概説平市史』には、「敵船」には三発命中、そのうち一発は煙出しに当たったとする平藩家老の記録が引かれている。そこで「敵船」の煙出しを貫通した以外の二発の命中弾に関する記述を探すと、佐藤浩敏《さとうひろとし》『慶応戊辰奥羽蝦夷戦乱史《けいおうぼしんおううえぞせんらんし》』に詳しい記事があった。

「かくて奥羽軍の巨弾は、天地に悽声《せいせい》を放つて、西軍艦隊の要部を抜くあり。奥羽軍、凱歌《がいか》を挙げて戦ふ程に、海上には忽《たちま》ち爆発の音響天地を震裂《しんれつ》し、水煙霧《えんむ》を起して四海暗瞑《しかいあんめい》、烈戦相当《あいあた》りて、茲《ここ》に海陸の砲戦止《や》む」（傍点は中村）

「要部」とは船の心臓部、すなわち蒸気機関のことであろう。被弾した「西軍艦隊」の一艦は、蒸気機関を撃ち抜かれた。撃った砲手たちが快哉《かいさい》を叫ぶうち、次弾が火薬庫に命中して大爆発を惹き起こした、ということをこの文章はいいたいのだ。

ではそろそろ、右の三弾を浴びたのが「富士山丸」だったことを示す史料に登場してもらおう。

「富士山艦の味方〔同盟軍〕の後口《あとくち》〔後方〕を襲わんとして小名浜に廻るを見、平藩軍事方山田《やまだ》省吾《しょうご》なる者、四斤《しきん》野戦砲を以《もっ》てこれを撃つ。三発命中し蒸気を損じて兵上陸できず。艦中より打出《うちいだ》す大砲五十余発、皆空《くう》を過ぐ。富士山丸漸《よう》やく平潟沖に去る」（檜山省吾《ひやましょうご》『ものの部《ふ》の道すてかねし』)

右の著者は、旧幕脱走遊撃隊の隊士(上総《かずさ》請西《じょうざい》藩脱藩)。「富士山丸」は蒸気機関がやられても風力で帆走できるので、かろうじて戦闘海域から離脱できたようだ。

その後三ヵ月間、「富士山丸」が姿を消したのは、横須賀製鉄所(造船所)へ入って缶《かま》の付け換えなどをしていたためか。九月十八日にはようやく再登場し、清水港へ逃れた榎本《えのもと》軍の一隻「咸臨《かんりん》丸《まる》」を捕獲する功を挙げた。しかし、明治四年(一八七一)に早くも海軍兵学校練習艦とされて退役している点から見て、この船は修繕がうまくゆかず実戦には使えなくなっていたのであろう。

明治十三年(一八八〇)、繋留《けいりゅう》練習艦、同二十二年(一八八九)、除籍されて雑役船とされたこの薄幸な軍艦は、その七年後に売却されて艦齢三十二年の生涯を閉じた。売却されるとは、鉄製の部品を屑鉄《くずてつ》として処理されることである。

世良修蔵の敵娼おたつの「女郎の一分」

世良修蔵《せらしゅうぞう》といえば、慶応四年（一八六八）三月十八日、仙台藩領の松島へ海路やってきた奥羽《おうう》鎮撫《ちんぶ》総督軍の下《した》参謀として知られる。仙台藩六十二万石伊達《だて》家が佐幕派諸藩を見限り、尊王でまとまっていると誤解していたこの長州藩陪臣は、品川弥二郎《しながわやじろう》がその奥羽出張を知り、

「世良とはひどいのが行くな」

と仙台藩に同情したほど品性下劣な人物（藤原相之助《ふじわらあいのすけ》『仙台戊辰史』）。出発前、大坂で米沢藩士と面会した時には芸妓に膝枕をさせたまま応対し、公用書を足で蹴りやる驕慢《きょうまん》さによって相手を激昂《げっこう》させたこともあった。

同月二十日、仙台藩主伊達慶邦《だてよしくに》が瑞巌寺《ずいがんじ》に近い別邸で応対した際にも、上段の間に座って礼も返さず慶邦を「仙台中将」と呼び捨てにし、早々に会津へ討ち入るべし、と命じる傲慢さであった。

この年一月の鳥羽伏見の戦いにおいて旧幕府軍の先鋒《せんぽう》をつとめた会津藩は、その後、討伐すべき賊徒とみなされていた。

しかし、このころ仙台藩は尊王派の家臣たちを公務から遠ざけ、家老但木土佐《ただきとさ》、藩校養賢堂《ようけんどう》の指南統取玉虫左太夫《しなんとうどりたまむしさだゆう》といった会津藩に同情的な人々が藩政を見ている。伊達慶邦からして世良の命令に従わずにいるうちに、奥羽鎮撫総督軍の兵たちは略奪、強姦などに手を染め、伊達家の家紋「竹に雀」を小馬鹿にするように歌いはじめた。

「〽竹に雀を袋に入れて後においらのものとする」

特に仙台藩士たちを唖然《あぜん》とさせたのは、世良が平然と妓楼（遊女屋）を宿舎とし、遊女たちと荒淫の日々を送って恬《てん》として恥じないことであった。

私が短編小説「上役は世良修蔵」（のち『禁じられた敵討』文春文庫に収録）を発表したのは、平成八年（一九九六）のこと。この作では世良が二本松城下に近い本宮《もとみや》の「大内屋」に流連《いつづけ》する間、十九歳の遊女お駒を敵娼《あいかた》としていたことに触れた。

お駒がその後どのような人生を送ったかは知られていないが、私は昨年から今年にかけて、あとふたり世良の敵娼となった遊女について新たな知見を得たので、それを披露する。

最初に世良に気に入られたのが上記のお駒で、世良が朝から酒を飲みながらそのからだに惑溺したのは、慶応四年（一八六四）四月十九日から閏《うるう》四月上旬にかけて。その後、世良が仙台藩軍事局の置かれた白河城下に移ると、「坂田屋」お抱えの遊女お志げが敵娼をつとめた。

佐久間律堂《さくまりつどう》『戊辰白河口戦争記』復刻版には白河市内に現存する「遊女志げ女の碑」の写真が載せられ、ネームがつけられている。それによるとお志げは越後三条の生まれで、幼くして「坂田屋」に売られた身の上。俳句をよくし、次の一句があった。

まつ間なく人の出入《でいり》や花盛り

しかし、「出入」した客のひとりが世良だったことは、お志げに不幸をもたらした。のちにお志げは、憎むべき世良修蔵と情を結んだ女として奥羽越《おううえつ》列藩同盟参加諸藩から怒りを買い、何者かに殺害されておわった、というのだ。これはただの伝承ではあるまい。悲劇の主人公にならない限り、無縁墓となる定めの遊女の墓地に特に建碑する必要はないからだ。

第三の遊女は、閏四月十九日に世良が移った福島城下北町《きたまち》にある「金沢屋」のおたつ。この夜世良は二階奥の八畳間でおたつと痴戯に耽《ふけ》る前、「奥羽皆敵」と記した下参謀仲間の大山格之助《おおやまかくのすけ》（綱良《つなよし》）宛の書面を執筆して福島藩士に届けるよう命じてあった。

だが、仙台藩佐幕派と気脈を通じていたその福島藩士は、軍事局の仙台藩重臣瀬上主膳《せのうえしゅぜん》にその文面を提出。文面を知った瀬上は世良襲撃を決意し、姉歯武之進《あねはたけのしん》、赤坂幸太夫《あかさかこうだゆう》、田辺賢吉《たなべけんきち》、遠藤条之助《えんどうじょうのすけ》の四人に突入役を依頼した。

ただし、世良が常に六連発の短銃を持っていることはよく知られていた。そこで楼主はおたつを招き、世良の隙を見て短銃を奪うように、と告げた。

幸か不幸か、おたつは仙台の肴町《さかなまち》の「梅三」の酌婦から「金沢屋」へ転籍した女で、伊達家を主家とみなしてきた。楼主の依頼に応じたおたつは、ひそかに短銃から銃弾を抜き取ってから世良と供寝した。

そして、二十日の午前八つ刻《どき》（二時頃）過ぎのこと。おたつが小用に立つと見せて部屋を出ると、赤坂幸太夫と遠藤条之助が一気に突入。短銃で迎え討とうとした世良が不発と気づくや、赤坂が手刀でその手首を打ち据えて短銃を奪取し、遠藤が拳を見舞うと姉歯武之進が持参の太縄で世良を縛り上げた。

この日、阿武隈川《あぶくまがわ》の河原に引き出された世良修蔵が斬に処され、遺体を河原に埋められたことはよく知られている。金沢屋に残されていたおたつ二十五歳はこれを聞いて悲嘆し、わが事おわると見て香を炷《た》くと、短銃に弾丸を装塡《そうてん》し、「自ら咽喉《のど》に当て、轟然《ごうぜん》一発」（菊田定郷《きくたさださと》『仙台人名大辞書』）、みごとな最期を遂げた。

この時代には、「一人前の存在として傷つけられてはならない、最小限の威厳」（『新明解国語辞典』）を示す「一分《いちぶん》」ということばがよく用いられた。おたつは客が殺害されるのを手伝ったのは「女郎の一分」に恥ずべき行為だったと思い直し、おそらく日本女性初のピストル自殺を選択したのであった。

秋田藩「仙台使節謀殺事件」の黒幕は誰か

慶応四年（一八六八）三月十八日、朝廷が仙台藩に奥羽鎮撫総督軍《おううちんぶ》を送りこんで会津藩討伐を命じたことには前稿で触れた。

その総督は九条道孝《くじょうみちたか》、副総督は沢為量《さわためかず》、上参謀《うえ》は醍醐忠敬《だいごただゆき》のいわゆる「三卿《さんきょう》」。これら公家たちにいくさはできないので、その下に下参謀《した》ふたり——長州の世良修蔵《せらしゅうぞう》と薩摩の大山格之助《おおやまかくのすけ》が配され、総督軍の指揮をとっていた。

世良があまりの高慢さから仙台藩士らに福島で斬殺された同年閏《うるう》四月二十日、九条総督が無事だったのは岩沼の総督府にいたため、沢副総督と大山格之助も危い目に遭わずに済んだのは、出羽国《でわのくに》新庄藩の城下に移動していたからだ（醍醐は総督に嫌われ相手にされず、仙台藩の策で二本松、福島、岩沼を巡らされていて何もできず）。沢・大山コンビの新庄行きは同国の勤王藩——秋田（久保田）藩、山形藩、新庄藩などの尻を叩き、天童藩を先導役として会津藩と並ぶ強敵庄内藩の領地に攻めこませることを目的としていた。

しかし、いざ手合わせすると軍制を洋式化していた庄内兵は強く、和装に銃砲は火縄式という秋田兵など何もできない。そこに五月三日、奥羽列藩同盟が結成されて会津・庄内両藩の支持が決まると、上記諸藩もこれに加盟したため出羽の戊辰《ぼしん》戦争は「いったん休憩」の状態となった。

その間の総督軍の動きを見ると、世良に代わった佐賀出身の参謀前山清一郎《まえやませいいちろう》が兵力九百を率いて仙台入り。軟禁状態にあった九条・醍醐をつれて同地を脱出し、七月一日に秋田に着いた。同日、同盟軍側に回った新庄藩の人質にされそうになって沢・大山コンビも秋田へ逃げてきたが、こちらに付属していた総督軍の兵力は薩長ほか三百五十あったので、合わせて千三百近い大軍が秋田に集結した形となった。

これを怪しく思ったのは、列藩同盟の主唱者仙台藩。秋田藩が対庄内戦を中止したのはよいが総督軍の大兵力の受け入れを拒まなかったのは不審であるとして、正使志茂又左衛門《しもまたざえもん》、副使内ヶ崎《うちがさき》順治《じゅんじ》ほかを秋田へ派遣して真意を問わせることにした。

やはり七月一日に秋田入りしたこの一行には、ちょうど仙台に行っていた秋田藩の用人根岸靫負《ねぎしゆきえ》という者が同行しており、二日に佐竹義堯《さたけよしたか》に会ってこう告げた。

「仙台使節ノ来《きた》レル目的ハ三卿ヲ仙台ニ奉ゼントスルニアリ、当藩若《も》シ拒マバ列藩ト戦フノ外ナカルベシ」（藤原相之助《ふじわらあいのすけ》『仙台戊辰史』）

これと前後して義堯が九条総督に呼ばれ、列藩同盟からの脱退と庄内討伐の再開を求められたことから、秋田の藩論は真っ二つに割れた。むろん列藩同盟支持派と脱退派とに、である。

三日にひらかれた同藩の重臣会議では、

「孤立シテモ義ヲ唱フベシ」（同）

として義尭みずからが勤王に回帰する意思を表明したため、脱退派が主流派閥と決まった。

仙台使節一行の宿舎は、城下の茶町《ちゃまち》扇《おうぎ》ノ丁《のちょう》の幸野治右衛門方。この宿を脱退派の富山虎之助《とみやまとらのすけ》、遠山直太郎《とおやまなおたろう》ら二十二人が取り巻いたのは、翌四日の夜亥《い》の刻（午後十時頃）のことであった。

これらの刺客《しかく》たちのうち十余人は抜刀して宿舎二階に侵入し、志茂又左衛門、内ヶ崎順治ら六人を一気に斬殺。逃れようとした棟方市七郎《むなかたししちろう》ら五人も外にいた者たちに捕縛され、五日朝、六人の首は五丁目橋のそばに「逆賊」「賊使」として梟首《きょうしゅ》された。

そうとも知らず六日に仙台から急使として志茂又左衛門を訪ねてきたその弟丁吉《ていきち》と高橋辰太郎も「副総督参謀」の命令によって斬られ、投獄されていた棟方ら五人も拷問されて十余日後に斬に処された。

仙台使節一行の荷物からは火薬を詰めた竹筒が発見され、棟方たちは、

「秋田藩若《も》シ三卿ヲ引渡サヾル時ハ之《これ》ヲ以《もっ》テ三卿ノ旅館ヲ焼討スル隠謀アリシ」

と自白したという（同）。

「死人に口なし」とはこのことだが、秋田藩は二十万五千八百石の大藩だけに兵力千五百以上を動員することができる上、前述のようにこの時の秋田には総督軍千三百近くも集結を果たしていた。そんな状況の中でわずか十余名の仙台藩使節が三卿の命を狙ったとは、何ともリアリティに欠けた

話でしかない。

では事の真相は、といえば注目すべきは「副総督参謀」すなわち大山格之助だ。重臣会議のあと、脱退派は列藩同盟支持派を粛清しようとし、沢副総督の許しを得た。するとその席にいた大山が、「仙台使節一行を斬った方が、列藩同盟とのつながりを断つことになって藩論を一定させやすいのでは」

といったので、斬る対象が急変したのだ。

しかも刺客たちは、幸野方に同宿していた新庄藩士たちを逃してから斬りこんでいる。

それにしても大山は、なぜかくも仙台藩士たちを憎んでいたのか。それは、かつての同僚世良修蔵が仙台藩士を中心とするグループに斬られたことに、いつか復讐してやると誓っていたからではあるまいか。

なお大山はその後綱良《つなよし》と名を改め、軍功によって明治七年（一八七四）鹿児島県令となった。しかし同十年（一八七七）、西南戦争が起こると薩軍に官金十五万円を与えた罪により、九月に長崎にて斬に処された。享年五十三。

因果が巡った、ということであろうか。

会津藩殉難者埋葬に関する新説を疑う

会津戊辰《ぼしん》戦争とは、鳥羽伏見の戦いで一敗地に塗《まみ》れた会津藩が総兵力を若松城下（福島県会津若松市）に引き揚げさせ、慶応四年（一八六八）八月二十三日から明治改元をはさんで九月二十二日までつづけた激戦のことだ。

元治《げんじ》元年（一八六四）七月に勃発した禁門《きんもん》の変から右の戦いの終了までの間に発生した会津藩戦死者総数は、三千十四人。開城降伏式がおわってからもそのうち一千数百の遺体が城下の各地に遺棄されたままになっており、八月二十二日に白虎士中《びゃっこしちゅう》二番隊その他が出動した猪苗代湖の手前の戸《と》ノ口原《のくちはら》などは、なおも死臭漂う惨状を呈していた。

降伏した会津藩士たちは幼老婦女を除いて猪苗代と塩川村の謹慎所へ送られ、十月一日以降、若松城下は会津在陣西国諸藩の者たちから成る民政局の支配にゆだねられた。

「ところが、まだ城中や郭内郭外《かくないかくがい》には、旧会津藩士の戦死体が収容されないで放置されてあったらしく、民政局は見るに忍びないからとして、賤民肝煎《きもいり》を呼び出し、十月四日まず城中から収容をはじめ、郭内・郭外に及ぼし、七日町《なのかまち》の阿弥陀寺《あみだじ》と西名子屋町《にしなごやまち》の長命寺《ちょうめいじ》へ埋葬し、入念に処置すべきことを命じている」（『会津若松史』第六巻、会津若松市、一九六六年）

阿弥陀寺と長命寺の墓所への埋葬がはじまったのは明治二年（一八六九）二月十四日から四月にかけてのこと。前者には千二百八十一柱、後者には百四十五柱が葬られ、この二カ所をふくむ六十四カ所に葬られた殉難者数が三千十四人。他国で散った者や新選組ほかの友軍兵士の遺体も合祀したところ、総数は「七千有余程」に達した（会津弔霊義会《あいづちょうれいぎかい》編『戊辰殉難追悼録』一九七八年）。

しかし、この大規模な葬送が初めから円滑に進んだ訳ではない。当初の民政局の命令は、次のごとし。

「彼我ノ戦死者一切ニ対シテ決シテ何等《なんら》ノ処置ヲモ為《な》ス可《べ》カラズ、若《も》シ之《こ》レヲ敢《あえ》テ為ス者アレバ厳罰スト云《い》フニテアリキ」（同）

これは葬送の実務を担当した旧会津藩士町野主水《まちのもんど》（会津弔霊義会初代会長）の回想であり、右の『追悼録』に祝辞を寄せた福島県知事松平勇雄《まつだいらいさお》（容保《かたもり》の孫）もほぼ同様のことを語っている。

民政局取締という役に指名されてこの葬送に携わった町野ら二十人の中には、「殉難之霊」と刻んだ墓標を「貴様らは賊徒であって殉難者などではない」という理由で破却するよう命じられた者もある。もっとも冷酷非道な態度をとった民政局監察方久保村文四郎《くぼむらぶんしろう》（福井藩士）などは、任果てて帰国する途中で怒った旧会津藩士たちに斬殺されたほどだから、右に見た葬送を実現するまでの主水たちの苦労は察するにあまりある。

ところが二年前の秋、会津若松市の郷土史家野口信一《のぐちしんいち》氏が「戦死屍取仕末金銭入用帳《かばねとりしまつ》」（筆者不明）という史料を発見。インターネットや『朝日新聞』平成三十年（二〇一八）十月二十二日付の関係記事によると、次のように主張しはじめた。

①同史料によると新政府命令により、会津藩士らは明治元年（一八六八）十月三日から十七日にかけて五百六十七人の遺体をきちんと六十四ヵ所に埋葬している。

②ゆえに今日「周知の事実」とされている「新政府軍は会津藩士の埋葬を長期間許さずして、その屍《しかばね》を辱めた」とする説は成り立たない。

③そもそも伝染病の発生など衛生面を考えても、半年間も遺体を野ざらしにしておくことなどは考えられない。

これについて私は、次のような疑問を抱く。

(1)五百六十七人の遺体はきちんと埋葬されたのではなく、発見場所に近い寺や空地に仮埋葬されたはず。これではやがて腐臭が漂い出したり鴉《からす》や野犬が集まってきたりするので、翌年二月から阿弥陀寺、長命寺など六十四ヵ所へ改葬する必要が生じたのだ。野口説でも埋葬地を六十四ヵ所としているのは、右の五百六十七人が改葬・合祀された殉難者三千十四人にふくまれていることを示しているのではないか。

(2)新政府軍ないし民政局に会津藩士の屍を辱める行為がまったくなかったのなら、同局取締として葬送の実務を担当した旧会津藩士の一部が逃亡国事犯となるのを覚悟の上で久保村文四郎を討ち果たす必要などなかった、ということになりはしないか。

(3)衛生ということばが日本語に馴染むのは、明治初期に英語ハイジオロジー（hygiology）の訳語に「衛生」が充てられ、明治八年（一八七五）、内務省に衛生局が置かれてからのこと。だから③の発想など、明治元年（一八六八）にはあり得ない。

やはり明治元年十月中のこと、飯盛山に白虎隊士の遺体が複数あることを発見して埋葬した吉田《よしだ》伊惣治《いそうじ》が、その遺体を掘り出して捨てて来い、と民政局から命じられた史実も、この際思い出すべきであろう。

野口氏は「戦死屍取仕末」を発見するや記者会見をひらいた由だが、昨年（二〇一八）秋に私が聞いたところでは、同氏は「御迷惑をおかけした」という理由で会津弔霊義会の理事の職を辞したとか。これは新説を誤りと認めたということだろう。

会津藩家老・梶原平馬、北海道に消ゆ

会津藩に仕えた内藤《ないとう》家の祖は、戦国時代の名将武田信玄《たけだしんげん》をよく助け、「真ノ副将」といわれた内藤昌豊《まさとよ》である。会津内藤家は家老職に指名された者を輩出した名族として知られ、幕末最終の時期には、当主内藤介右衛門《すけえもん》とその弟で鎌倉御家人梶原景時《かじわらかげとき》に発する梶原家を継いだ平馬《へいま》がともに家老に昇っていた。

文久二年（一八六二）十二月、京都守護職に就任した会津藩主松平容保《まつだいらかたもり》とともに上洛した梶原平馬についてもっともよく知られているのは、慶応三年（一八六七）二月十七日、駐日イギリス公使館書記官アーネスト・サトウを大坂に訪ね、贈り物をしたお返しにさまざまなアルコール類を飲まされた話であろう。

「梶原は、シャンペン、ウィスキー、シェリー、ラム、ジン、水で割ったジンなどを、またたきもせず、尻ごみもせずに飲みほし、飲みっぷりにかけては、他の人々をはるかにしのいだ。彼は色の白い、顔だちの格別立派な青年で、行儀作法も申し分がなかった」（『一外交官の見た明治維新』上巻、坂田精一訳)。

翌慶応四年(一八六八)、二十七歳となった平馬は、江戸出張中に鳥羽伏見の戦いの発生と会津藩兵を主力とした旧幕府軍の敗北を知るや、再戦を予期して迅速に動いた。

平馬はヘンリーとエドワルドのスネル兄弟(プロシャ人)を介し、横浜で小銃八百挺《ちょう》と付属の諸具弾薬を購入。旧幕府からは品川台場の大砲と弾薬、ミニエー銃、ゲベール銃その他を借り、ロシア船「コリヤ号」で新潟から会津へ廻漕《かいそう》させたのだ。

これらの武器が手に入ったことによって初めて会津藩は洋式軍制改革に踏み切れたのだから、この時期の会津藩は平馬の果断に支えられていたといってよい。

それればかりではない。平馬は会津藩とおなじく薩長から憎まれている庄内藩と攻守同盟を結んだかと思えば、仙台・米沢藩の主唱した奥羽《おうう》列藩同盟締結の交渉に加わるなど、幕末の外交官として充分に能力を発揮した。

しかし、同年八月二十三日から九月八日の明治改元をはさみ、同月二十二日までつづいた鶴ヶ城への籠城戦の結果は凶と出、同日、会津藩は降伏開城。松平容保とともに開城式に出席した平馬は、江戸の鳥取藩邸に身柄を預けられる容保の供として江戸へ向かった。

開城五日前の同月十七日、面川《おもかわ》村の泰雲寺《たいうんじ》に戦火を避けていた実家の内藤家からは自刃して国難に殉じた者が十名、それに殉死した家臣三名が出ていたから(菅野《かんの》恒雄《つねお》『会津藩に仕えた内藤一族』)、この頃の平馬の無念さはいいわくいいがたいものがあったろう。

その後、平馬という通称を捨て、景武《かげたけ》という諱《いみな》を景雄《かげお》と改めて梶原景雄と称したかれは、年月日不明ながらやはり会津の名門山川《やまかわ》家から嫁いだ妻二葉《ふたば》と離婚している。その理由は、一説に京都時代の愛人テイという女性の存在を知った二葉が、家老のひとりとして終戦処理に当たっていた弟、山川浩《ひろし》のもとへ帰ってしまったのだという。

明治二年（一八六九）十一月、滅藩《めっぱん》処分とされていた会津松平家は容保の実子容大《かたはる》を立てて再興することを許され、封土は下北半島を中心とする北辺の地、藩名は斗南《となみ》藩、石高は三万石と決定された。

しかし『斗南藩職員録』に梶原景雄の名はない。これはかれが戊辰《ぼしん》戦争の敗北と滅藩処分に甘んじたことへの責任を取り、公職から身を引いたことを意味する。

明治四年（一八七一）七月の廃藩置県の結果、斗南藩改め斗南県は青森県と合県《がっけん》となり、景雄は同年十一月三日から明治五年（一八七二）一月七日まで同県庶務課長を務めた。だが翌日、景雄は「免出仕」の辞令を受けて退職。そこで足取りは、ぷっつりと消えた。

旧斗南藩領へ移住していた人々には会津へ帰郷したケース、北海道へ集団で再移住したケースなどがある。景雄はそのいずれにも属さなかったから、あえて北辺へ消えていったと見てよいだろう。

それから実に百十六年、奇《く》しくも戊辰戦争百二十周年に当たる昭和六十三年（一九八八）二月末に、内藤信俊《ないとうのぶとし》氏（内藤本家）は家の中を整理中、景雄の死亡年月日、戒名等を記した紙切れを発見した。

「鳳樹院泰庵霊明居士　明治二十二年三月廿三日　北海道ニ於テ病死　根室墓アリ　梶原景雄」

これをきっかけとして内藤家ゆかりの人々が手を尽くして調べた結果、景雄の墓は根室市西浜《にしはま》町《ちょう》の共同墓地にあると知れた。また、再婚した妻の名は水野貞子《みずのていこ》といい、伝説の愛人テイと音が一致するとわかった。

以下は、『会津藩に仕えた内藤一族』に記されたところの要約である。

景雄と貞子は初め函館市に住んだらしく、長女シツヱは同地で明治十一年（一八七八）に誕生している。同十四年（一八八一）、貞子は根室に移り、花咲尋常高等小学校の教師として五年五ヵ月勤務。その間に梶原姓に変わり、十八年（一八八五）には文雄《ふみお》を出産。育児のためか二十年（一八八七）四月に退職したが、まもなく良家の子女を集めて私塾を経営すると、これが二十二年（一八八九）に私立根室女子小学校へと発展した。

貞子は「黒の被布《ひふ》を着た、切り下げ髪の背の低い、然《しか》し姿勢の正しい女教師」だった。さらに別説としては、景雄は貞子の花咲尋常小学校時代、文房具屋をひらいていたともいう。

敗者は語らず。かれはこの思いに徹し、北辺の地に朽ちることをもってよしとしていたのであろうか。

「鯨海酔侯」山内容堂、破れかぶれの晩年

開国か再鎖国か、単独講和か全面講和か、安保反対か賛成か等々、日本人は対立軸を作って論争することを好む。安政年間（一八五四―六〇）後半には、有力諸大名が将軍継嗣問題をめぐってふたつに割れた。

これは十三代将軍家定《いえさだ》に子種がなかったため、分家の徳川御三家・御三卿《ごさんきょう》のだれを次期将軍とするかが問題となったのだ。強権体質の大老井伊直弼《いいなおすけ》は、独断で紀州藩主徳川慶福《とくがわよしとみ》（のちの家茂《いえもち》）を指名。一橋慶喜《ひとつばしよしのぶ》を推した一橋派はのきなみ問責される破目になり、この派に属した土佐藩主山内豊信《やまうちとよしげ》はさっさと隠居して容堂《ようどう》と号した。

家老たちと相撲をとればブン投げる。いつも腰には酒入りのふくべを提げており、酒気が抜けたことはない。そんな異色の大名だった容堂のもうひとつの号は「鯨海酔侯《げいかいすいこう》」。この大酒家は、従弟の豊範《とよのり》を藩主とし、一種の院政をおこなうことにしたのであった。

すると安政七年（一八六〇）三月三日には、桜田門外の変が勃発。尊王攘夷《そんのうじょうい》思想が過激化し、西

の長州藩と東の水戸藩は尊攘激派の総本山とみなされた。開国派の容堂は、攘夷派など大嫌い。しかし、皮肉にも豊範が婚約した相手は長州藩主の養女喜久姫《きくひめ》（のち俊子《としこ》）だった。

文久二年（一八六二）十一月五日、容堂は同藩世子《せいし》毛利定広《もうりさだひろ》（のち元徳《もとのり》）に招かれて桜田の長州藩邸を訪問。書を求められるや奇行に及んだ。

「品川に寄せては返《か》へす波枕かはる浮寝やわびしかるらん」

の一首の次にふぐべを逆さに描いた容堂は、そのふぐべの中に「長州大箆棒《おおべらぼう》」と記入すると、

「是《こ》れ長藩の現状なれ」（瑞山会編『維新土佐勤王史』）

と呵々《かか》大笑してみせた。むろんこれは、長州藩が下級藩士に多い尊攘激派に牛耳《ぎゅうじ》られているのを皮肉ったのだ。

しかし、物言えば唇寒し秋の風。土佐藩国許《くにもと》でも武市瑞山《たけちずいざん》を領袖とする土佐勤王党が策動しはじめ、藩政改革の指導者吉田東洋《よしだとうよう》を闇討ちした。

そこで容堂は、文久三年（一八六三）三月に帰国すると井伊直弼に似た大弾圧を開始。九月に瑞山を投獄し（のち切腹刑）、翌元治《げんじ》元年（一八六四）七月にその同志二十七人が野根山《のねやま》に集まると、これを謀反とみなしてことごとく斬首してしまった。同年同月、長州藩が禁門《きんもん》の変を起こして敗走した直後には豊範に俊子夫人との離婚を命じたほどだから、鯨海酔侯はなかなかの荒業師《あらわざし》でもあった。

こうして幕末最終の時期に幕府寄りの公武合体論を支持した容堂が、坂本龍馬《さかもとりょうま》、後藤象二郎《ごとうしょうじろう》経由

で大政奉還論を知り、これを藩論として公武の各方面に建白させたのは、みずからがリーダーとなって新時代を迎えるという野望ゆえのことであったに違いない。

だが、情勢は容堂の思うようには進まなかった。慶応三年（一八六七）十二月九日、王政復古の大号令渙発《かんぱつ》の日に開催された小御所《こごしょ》会議に新設の議定《ぎじょう》のひとりとして出席した容堂は、前将軍慶喜が招かれていないのを不服としてまくし立てた。

「抑《そもそ》も元和偃武《げんなえんぶ》以来二百余年の久しき、上下泰平の沢《たく》に浴せしもの、是《こ》れ徳川幕府の功にあらずや、一朝忽《たちま》ち之《これ》を疎斥《そせき》する仇敵の如《ごと》きは、天恩頗《すこぶ》る薄きに似たり、〔略〕恐《おそ》くは是れ幼冲《ようちゅう》〔幼少〕の天子を擁し奉りて　政権を擅《ほしい》まゝにせんとする嫌《きらい》あらん」（『維新土佐勤王史』）

すると、参与の岩倉具視《いわくらともみ》が鋭く切り返した。

「今は御前会議なり、宜《よろ》しく言辞を慎むべし。且《か》つ今日の盛挙は悉《ことごと》く宸断《しんだん》に出《い》づ。幼冲の天皇を擁して権柄《けんぺい》を窃取《せっしゅ》せんとの言は、非礼も亦甚《またはなはだ》しからずや」（同）

この逆襲に驚いた容堂が失言を謝し、休憩に入ると、異論ある者は刺殺せよと西郷吉之助《さいごうきちのすけ》がいっていると囁《ささや》く者がおり、ますます容堂は腰が引けた。ために会議は岩倉と薩長芸《さっちょうげい》の討幕派三藩の思い通りに進展。翌年（一八六八）正月に鳥羽伏見の戦いが起こると、乾退助《いぬいたいすけ》ら土佐藩討幕派が勝手に新政府軍側に味方して武功あまただったため、容堂も新政府要人のひとりとして待遇される、という妙なことになった。

討幕派に鼻面を引き回されてしまった自分が情けなかったのか、容堂は明治二年（一八六九）四

月に早くも引退。「酔擁美人楼《すいようびじんろう》」と名づけた箱崎の別邸に隠棲し、文字通り酒と女に耽溺《たんでき》する日々を送りつづけた。この頃かれは、

「昔から大名の身代《しんだい》限り〔破産〕をした例を聞かず、予より之《これ》を始める」（安藤徳器《あんどうとくき》『趣味の維新外史』）

と宣言し、破滅型の性格であることをよく示す「家伝」三カ条を作っていた。

一、酒は固《もと》より欠かすべからず。
一、女は固より欠かすべからず。
一、客は固より愛すべし。

気に入りの愛人は、元柳橋芸者の愛子《あいこ》。朝十時から夜十二時まで愛子に酌をさせて玻璃《はり》の盃《さかずき》を傾けつづけた鯨海酔侯は、箱根への避暑にも彼女を同行。素麺《そうめん》を冷やしてこい、と命じられると、愛子は全裸になって庭前の滝に打たれる姿を上覧に供した。

これが明治五年（一八七二）のことで、同年六月十一日、容堂は四十六歳にして世を去った。かれは願い通り、酒と女によって人生を早く切り上げることに成功したのである。

西郷隆盛は誰に討たれたか

平成三十年（二〇一八）は戊辰《ぼしん》戦争百五十周年の記念の年であったが、明治十年（一八七七）の西南戦争から見れば百四十一年目に当たっていた。日本人はその首謀者西郷隆盛《さいごうたかもり》をなおも英雄視する傾向にあるため、西郷を討った真の英雄についてはほとんど語られたことがない。

そこで歴史の見直しを試みると、明治六年（一八七三）一月十日に徴兵令が定められて以降、全国は六つの軍管区にわけられ、仙台、東京、名古屋、大阪、広島、熊本に鎮台が置かれた。常備兵力は、平時が三万一千六百八十人、戦時が四万六千三百五十人。対して十年（一八七七）二月十二日、蹶起《けっき》して熊本鎮台をめざした薩軍およそ一万三千には九州各地の不平士族も続々と参加し、一時は兵力三万にまでふくれ上がった。

これは平時の常備兵力にほぼ等しい上に、徴兵された者の多くが農民子弟だというのに薩軍は強悍《きょうかん》をもって知られた薩摩武士ばかり。しかも戊辰戦争への従軍経験のある猛者《もさ》も少なくなかったから、もしも当時の日本陸軍と薩軍とが関ヶ原のような戦場で正面から激突したら、薩軍が勝つ可能性も充分にあった。

　そこで長州出身の陸軍卿山県有朋《やまがたありとも》は兵力増強を急務とみなし、東京警視庁改め警視局東京警視本署から警視隊を出征させる一方、民間から徴募巡査を募集して戦線に投入することにした。徴募巡査の数は、旧幕臣が六百、三重県士族が四百五十（旧桑名藩士三百余）。福島県からの応募者は千三百三十（旧会津藩の城下町若松から百五十九）だが、これに以前から警視局に奉職していた六百、明治三年（一八七〇）に下北半島の斗南《となみ》に移住した者とその子弟三百を加えると三千二百八十人に達した（塩谷七重郎《しおやしちじゅうろう》『西南戦争・福島県人の奮戦』）。警視隊と徴募巡査の合計は一万三千と見積もられているから、その一割前後は旧会津藩関係者だったと考えられる（小著『幕末維新改メ』晶文社）。

　幕末の会津藩主松平容保《まつだいらかたもり》と桑名藩主松平定敬《さだあき》は実の兄弟であり、片や京都守護職、片や京都所司代として討幕派と対抗したキャリアの持ち主。その配下にあって戦い、戊辰戦争に生き残った者たちが勇躍九州へ向かったことを考えると、会桑《かいそう》両藩の生き残りたちにとって西南戦争とは戊辰戦争の雪辱戦にほかならなかった。

　こうしてラスト・サムライたちが九州に集結するうちに、薩軍は熊本鎮台攻略に失敗して人吉《ひとよし》へ退却。同地での戦いにも敗北し、七月三十日に宮崎から北の延岡へ迷走した時の兵力はわずか三千となっていた。

　ところがこれを追討すべき兵力五万の陸軍には西郷の信奉者が多く、前線に投入した途端に薩軍側に寝返る危険すらある。そこで山県有朋は戊辰戦争の東軍に属した者を主力とする約四千三百人規模の新撰旅団を編成。旅団長東伏見宮嘉彰親王《ひがしふしみのみやよしあき》（陸軍少将）、薩摩出身の長坂昭徳《ながさかあきのり》中佐と山形出身の千坂高雅《ちさかたかまさ》中佐の参謀二人につぐナンバー4、参謀副長には旧桑名藩雷神隊《らいじんたい》の隊長だった立見尚文《たつみなおふみ》少佐を指名した。

立見は戊辰戦争中の「佐幕派強い者番付」のトップに桑名藩の名があったことから知れるように、一種天才的な戦略家である。しかし八月十五日、新撰旅団が搦手《からめて》に待機するうちに薩軍は崩壊。「降《くだ》らんと欲する者は降り、死せんと欲する者は死すべし」（黒龍会編『西南記伝』中巻二）と無責任きわまる全軍解放令を布告した西郷は、陸軍大将の軍服も焼き捨てると兵力六百のみを従え、峻険な可愛岳《えのだけ》へ消えていった。

二十五日、脱賊追撃を命じられた立見少佐は、新撰旅団第二大隊の七百六十一人とともに敵影を探索。九月二日には、薩軍がわずか四百数十の兵力となって鹿児島の鶴丸城の後背地、城山の岩崎谷に籠《こも》っていると知った。となれば四方の高みから谷底への突入戦を敢行するのが、西郷を誅《ちゅう》する戦術となる。山県有朋は突入期日を二十四日、総攻撃参加兵力は千三百余、新撰旅団からの参加は百六十人と定め、指揮官にはほかならぬ立見少佐を指名した。

その二十四日午前五時過ぎ、銃砲声の轟《とどろ》く中で立見少佐は攻撃兵たちに岩崎谷最奥部への突入を命令。薩軍が次々と戦死する間に、西郷は四十余名に守られてこの谷を東の出口へ向かった。だが立見たちが背後二百メートルまで肉薄した時、出口へやはり二百メートルの島津応吉《しまづまさよし》邸前にさしかかった単衣《ひとえ》に兵児帯《へこおび》姿の西郷は、腹と腿に被弾。別府晋介《べっぷしんすけ》に介錯《かいしゃく》を頼んで生涯をおえた。享年五十一。

攻撃兵たちは、落ちていた西郷所有のフランス製のピストルも発見。西郷の首はまだ見つからなかったものの、首なし遺体にはフィラリアによる陰嚢水腫《いんのうすいしゅ》の症状が顕著だったことから西郷と断定された。

まもなく売り出された二枚の錦絵「城山岩崎谷各隊進撃西郷以下滅亡之図」および「賊魁《ぞくかい》ノ首級首実検之図」に立見少佐が描かれたのは、かれこそが西郷を討った男、という認識ゆえのこと。のちに「東洋一の用兵家」と外国特派員たちに賞讃され、陸軍大将・男爵となった立見の後半生については、小著『闘将伝』（文春文庫）を参照されたい。

「朝敵回り持ち」という表現

幕末維新の谷間で、「朝敵」「賊軍」といったレッテル貼りがはじまったことについてはすでに述べた。本稿ではそれを受けて、この感覚が明治時代にどう変化したのかを眺めてみよう。

さて、薩長土肥を中心とする明治新政府軍が鳥羽伏見の戦いの時点で朝敵とみなしたのは、最後の将軍徳川慶喜《とくがわよしのぶ》、会津藩主松平容保《まつだいらかたもり》、桑名藩主松平定敬《さだあき》なのであった。だがこの場合、戦闘に加わった旧幕府軍、会桑《かいそう》二藩をふくむ佐幕派諸藩の兵力も同類とみなされた、といってよいだろう。

また、官軍vs.賊軍と書くと早くもそこに書き手の主観的な価値観が表出されるから、本来なら鳥羽伏見の戦いは北軍vs.南軍、あるいは京都方vs.大坂方と表現したいところである。

慶応四年（一八六八）四月十一日の江戸無血開城当日には、隠退して水戸へ去っていった慶喜一行のほかに約二千五百の武士団が一斉に江戸を脱走し、旧幕脱走軍と総称された。これに属した諸隊は総野《そうや》（上総《かずさ》・下総《しもうさ》・上野《こうずけ》・下野《しもつけ》）の地へ散って再戦を志したが、主力は会津援軍となって奥州の会津藩領をめざした。

だから本来なら歴史家は、これ以降の戊辰《ぼしん》戦争の当事者たちについては東軍vs.西軍という表現を用いるべきであった。アメリカの内戦については南北戦争という訳語を使いながら、戊辰戦争については東軍、西軍という無味無臭の（それゆえに主観の入らない）用語を採らず、官軍vs.賊軍としたところに、官製の順逆史観の大欠点があった。

ちなみに順逆の「順」は天皇に順《したが》う者たちを、「逆」は逆賊を意味する。ひどい歴史観もあったものだが、官軍、賊軍というレッテル貼りに対する反撥は、同年五月に会津藩を支援すべく仙台・米沢両藩が主唱して奥羽越《おううえつ》列藩同盟が発足したあたりからはじまっていた。

「官賊」というのが、本来東軍とされるべき者たちが官軍を称する西軍につけた蔑称であった。これは「官軍を僭称《せんしょう》する賊徒」という意味。旧幕脱走遊撃隊の隊長で、明治二年（一八六九）五月の箱館戊辰戦争の最終戦まで戦った人見勝太郎《ひとみかつたろう》（のち茨城県令）に至っては、この感覚を七言絶句に詠みこんでみせた。

幾万の奸兵　海陸より来《きた》る
孤軍防戦　骸《むくろ》　堆《たい》を成す
百　籌《ひゃくちゅう》　運尽き今日に至る
好《よ》し五稜郭下の苔《こけ》と作《な》らん

初句の「奸兵」は、官軍兵士を略して「官兵」とすべきところに、あえて「奸」の字を用いたもの。かつて人見の属した旧幕府の遊撃隊は、筋目正しい旗本御家人たちの子弟から選ばれ、将軍の親衛隊をつとめたエリート部隊であった。それだけにその目には、官軍と称するやからなどは薩長が天下を私するためにかき集めた大義なき部隊と映っていたようだ。

時が移り、家禄を失って貧困に喘《あえ》いだ者たちが起こした不平士族の乱は、次のようにつづいていった。

明治七年（一八七四）二月一日、佐賀の乱発生。四月十三日、江藤新平《えとうしんぺい》処刑。九年（一八七六）十月二十四日、敬神党《けいしんとう》（神風連《じんぷうれん》）の乱、二十七日、秋月の乱、二十八日、萩の乱。十二月三日、萩の乱の首謀者前原一誠《まえばらいっせい》斬首。十年（一八七七）二月十五日、西郷隆盛《さいごうたかもり》挙兵し、西南戦争はじまる。

このような世相から生まれたのが、「朝敵回り持ち」という表現であった。佐賀藩、熊本藩、長州藩、薩摩藩はすべて戊辰戦争の官軍にほかならない。そこから政府の顚覆《てんぷく》を図る賊徒が続々とあらわれたばかりか、これら不平士族の乱の鎮圧に活躍した明治の陸軍には、かつて朝敵とレッテル貼りされた者が少なくなかった。

佐賀の不平士族との乱戦を体験し、西南戦争において熊本鎮台救援第一号となった元会津藩家老山川浩《やまかわひろし》中佐（のち男爵）は、征討軍団参謀として出征を命じられた感慨を、

「鹿児島征討の大命をかしこみて」

と詞書《ことばがき》した和歌一首に詠んだ。

薩摩人みよや東の丈夫《ますらお》がさげ〔下〕はく〔佩〕太刀のとき〔鋭〕かにぶきか

かつて会津藩は朝敵といわれ、戊辰戦争に敗れた結果、滅藩という非情な処分を受けた。ところが今や当時の官軍だった薩軍は、「薩賊」とも呼ばれる賊徒である。それを自分が官軍として成敗できるとは。そう考えて山川浩は武者震いして出動し、みごとに武功を挙げたのであった。

さらに新撰旅団から攻撃兵百六十人を選抜し、西郷隆盛最後の陣地、城山は岩崎谷への突入戦を指揮した桑名藩出身の立見《たつみ》尚文《なおふみ》少佐（のち男爵、陸軍大将）も忘れがたい。その勇姿を錦絵にも描かれた立見こそ、「朝敵回り持ち」という表現をもっとも深く味わった日本人だったかも知れない。

あとがき

本書は、この五、六年の間に発表した史論や歴史エッセイの類を四つの系列に分けて刊行するものです。Ⅱ、Ⅲには二十年以上前に書いたエッセイ二篇もふくまれていますが、これらの文章がまだ私の筐底《きょうてい》に眠っていることに気づいたのは、中央公論新社の担当編集者・宇和川準一氏の眼力というものです。

本書の最大の眼目はⅠの前半部で孝明天皇毒殺説を肯定的に論じ、後半部において置毒犯を初めて特定したことにあります。文中で触れたように、この論文は橋本博雄氏の新研究に触発されて得た結論を述べたものでもありますので、Ⅳに収録した「孝明天皇毒殺説を支持する新研究の登場」を併読して下さるよう改めてお願いしておきたいと思います。

ちなみに橋本氏はすでに、ここに紹介した論文につづく第二論文「孝明天皇と痘瘡――その2」（『醫譚』復刊第一一五号、二〇二二年六月）をも発表なされました。孝明天皇毒殺説が学界において定説とみなされる日は、もうすぐそこまで来ているのかも知れません。

なお雑誌発表の段階でのIの文章の一部には、私の早とちりから瑕疵《かし》が残っていました。しかしそれは、本書では宇和川氏の眼光紙背に徹する読みの確かさによってすべて解消されていることをお断りしておきます。

かつて谷川浩司九段の将棋の終盤は、「光速の寄せ」と評されたものでした。宇和川氏がIの置毒犯特定のくだりにつき、おなじ表現を使って感想を述べて下さったことを将棋ファンの私は大変うれしく感じたものでした。

橋本博雄氏、本書に収録した諸篇の大半を発表する機会を与えて下さった雑誌『Ｗｉ Ｌ Ｌ』の編集長・立林昭彦氏、同誌編集部を去りゆく曽雌悠河氏にも謝意を表して刊行の辞とします。

令和五年（二〇二三）盛夏

中村彰彦

初出一覧

＊印は本書収録にあたって改題したものです。

Ⅰ　孝明天皇毒殺説の真相に迫る

第一章　天然痘による病死説vs.毒殺説／『W・i・L・L』二〇二三年三月号
第二章　穴を掘る人、掘らぬ人／同右、二〇二三年四月号
第三章　迷走する病死説／同右、二〇二三年五月号
第四章　黒幕と置毒犯の正体は／同右、二〇二三年六月号

Ⅱ　江戸に生まれ明治を生きる

藩校エリートが幕末を動かした／『北國文華』第七三号（二〇一七年九月）
幕末有名人の少年時代　勝海舟　徳川慶喜　河井継之助　土方歳三／『別冊歴史読本』第九三号（一九九七年三月）
教育立国を支えた会津藩の子弟たち／『東京人』二〇一八年二月号
維新前後の日本人の感覚と明治天皇／『伝統と革新』第三八号（二〇二一年五月）

Ⅲ　新選組はどのようにして誕生したか

新選組の魂のルーツを求めて／『オール讀物』二〇〇四年一月号
新選組隊士の帯刀事情（＊）／『東京人』二〇二一年五月号

Ⅳ　幕末維新の足音

幕末への出発点「尊号一件」と松平定信／『Ｗｉ Ｌ Ｌ』二〇二二年二月号
「ぶらかし老中」阿部正弘は名宰相か／同右、二〇一八年十一月号
孝明天皇が幕府に威丈高だった背景は（＊）／同右、二〇一八年一月号
イギリス人リチャードソンはなぜ斬られたか／同右、二〇一八年四月号
「天誅組」を「天忠組」とする欺瞞／同右、二〇一七年十一月号
「禁門の変」か「蛤御門の変」か／同右、二〇一七年七月号
新選組と新徴組と別選組と（＊）／同右、二〇一八年六月号
西郷と大久保が討幕派となった理由は何か（＊）／同右、二〇一九年十月号
孝明天皇毒殺説を支持する新研究の登場／同右、二〇二一年五月号
幕末長州藩の「差別の論理」／同右、二〇一七年九月号
松平容保はなぜ賊徒とみなされたのか／同右、二〇一八年二月号
旧幕府軍の必勝戦略「艦隊三分の計」／同右、二〇一七年十月号
渋沢成一郎はなぜ彰義隊を脱退したか／同右、二〇一九年八月号
彰義隊頭並・天野八郎の哀しき辞世／同右、二〇一九年九月号
土方歳三と宇都宮戦争／『中公ムック　歴史と人物３　新選組 滅びの美学』（二〇二一年一月）
軍艦「富士山丸」vs.磐城平藩の砲撃手／『Ｗｉ Ｌ Ｌ』二〇一九年二月号
世良修蔵の敵娼おたつの「女郎の一分」／同右、二〇一九年七月号
秋田藩「仙台使節謀殺事件」の黒幕は誰か／同右、二〇一九年十一月号
会津藩殉難者埋葬に関する新説を疑う／同右、二〇一九年三月号

会津藩家老・梶原平馬、北海道に消ゆ／同右、二〇一九年十二月号
「鯨海酔侯」山内容堂、破れかぶれの晩年（＊）／同右、二〇二〇年三月号
西郷隆盛は誰に討たれたか／同右、二〇一九年一月号
「朝敵回り持ち」という表現／同右、二〇一八年三月号

装　幀　中央公論新社デザイン室
写真提供　アマナイメージズ

中村彰彦（なかむら・あきひこ）

1949年、栃木県栃木市生まれ。東北大学文学部卒業後、文藝春秋に勤務。1987年に『明治新選組』で第10回エンタテインメント小説大賞を受賞。1991年より執筆活動に専念し、1993年に『五左衛門坂の敵討』で第１回中山義秀文学賞、1994年に『二つの山河』で第111回直木賞、2005年に『落花は枝に還らずとも』で第24回新田次郎文学賞を受賞。また2015年には第４回歴史時代作家クラブ賞実績功労賞を受賞。小説に『疾風に折れぬ花あり』『戦国はるかなれど』『名君の碑』『鬼官兵衛烈風録』、評伝・史論・歴史エッセイに『保科正之』『幕末維新史の定説を斬る』『むさぼらなかった男　渋沢栄一「士魂商才」の人生秘録』など多数。

孝明天皇毒殺説《こうめいてんのうどくさつせつ》の真相《しんそう》に迫《せま》る

2023年８月25日　初版発行

著　者　中《なか》村《むら》彰《あき》彦《ひこ》

発行者　安 部 順 一

発行所　中央公論新社

〒100-8152　東京都千代田区大手町1-7-1
電話　販売 03-5299-1730　編集 03-5299-1740
URL https://www.chuko.co.jp/

DTP　今井明子
印　刷　大日本印刷
製　本　小泉製本

Published by CHUOKORON-SHINSHA, INC.
Printed in Japan　ISBN978-4-12-005685-7 C0021

中村彰彦 著

落花は枝に還らずとも　上下

会津藩士・秋月悌次郎

幕末の会津藩に、「日本一の学生」と呼ばれたサムライがいた。公用方として京で活躍する秋月は、薩摩と結び長州排除に成功するも、直後、謎の左遷に遭う……。／朝敵とされた会津を救うため、復帰した秋月に戊辰戦争の苦難が襲う。ラフカディオ・ハーンに「神のような人」と評されたサムライの物語。新田次郎文学賞受賞作。

〈解説〉竹内洋

中公文庫

中村彰彦 著

その日なぜ信長は本能寺に泊まっていたのか

史談と奇譚

織田信長が演出した「安土宗論」をへて本能寺の変が勃発した当時、京都の法華宗寺院はどのような状態になっていたのか。主家再興に奔走し非業の死をとげた山中鹿介と毛利本家の血統を守った小早川隆景の運命を分けたものはなにか。渋沢栄一から見た大久保利通と西郷隆盛に対する人物評価の違いとは——。歴史の面白さを満喫させてくれるエッセイ五十四篇を収録。

中公新書ラクレ